RASSEPFERDE

LENI FIEDELMEIER

RASSEPFERDE

BILDTEIL 101 FARBFOTOS

BELSER VERLAG

Gesamtherstellung: Belser Stuttgart.
Printed in The Netherlands.
ISBN 3-7630-1832-8

INHALT

PFERD UND MENSCH

Pferdehufe sind schnell. Aber nicht schnell genug für das atemberaubende Tempo des Jahrhunderts, in dem wir leben. Was den Menschen Jahrtausende hindurch genügt hat, die Fortbewegung zu Pferd, uns Menschen des 20. Jahrhunderts genügt es nicht mehr. Und so schafften wir es in wenigen Jahrzehnten, dem Pferd den Boden unter den Füßen wegzuziehen, eine der ältesten Mensch-Tier-Beziehungen fast restlos zu zerstören, das Pferd beinahe zum Zootier umzugestalten. Wo sind Pferde in vollmotorisierten Ländern als Arbeitstiere noch nötig? Kraft und Schnelligkeit der Motoren haben das Pferd verdrängt, vom ganz unersetzlichen Mitarbeiter zum Luxusgegenstand werden lassen. Der Pferdebestand schmolz beängstigend zusammen – beängstigend für jene Menschen, die wider alle rechnerische Vernunft nach wie vor ihr Herz an diese schönen Geschöpfe gehängt hatten, denen es unvorstellbar war, daß das Pferd aus dem Leben der Menschen verschwinden sollte. Doch niemand kann es sich auf die Dauer leisten, nur um des schönen Anblicks willen Pferde zu züchten. Angebot und Nachfrage müssen auch auf diesem Markt stimmen, und diese Wechselbeziehung stimmte immer weniger.

Doch dann geschah ein kleines Wunder. Der *Reitsport* wurde populär, nicht nur in Deutschland, sondern überall nahm er einen ganz erstaunlichen Aufschwung. Erstaunlich, weil diese Sportart noch immer zu den nicht gerade billigen gehört und außerdem ein hohes Maß an Selbstdisziplin vom Menschen verlangt. Das 'Sportgerät', mit dem man umgeht, ist nämlich ein Lebewesen mit eigenen Gedanken, Gefühlen und Reaktionen, die durchaus nicht immer mit denen des Menschen übereinstimmen. Wer sich nicht selbst 'zügeln' kann, wird es nie lernen, die Zügel eines Reit-oder Kutschpferdes so zu führen, daß Mensch und Tier zu einer glücklichen und harmonischen Gemeinschaft zusammenwachsen.

Man muß nicht unbedingt Turnierehrgeiz mitbringen, um das vielzitierte 'Glück der Erde' auf Pferderücken zu erleben. Mir

scheint sogar, und das aus langjähriger eigener Erfahrung, daß jene, die sich ganz schlicht aus Freude am Umgang mit Pferden in den Sattel schwingen, die wahrhaft glücklichen Genießer sind.
Wer sich zu höheren Aufgaben berufen fühlt, kann und soll sein Glück getrost auch auf dem Turnierplatz suchen. *Turniere* sind nun einmal die wirkungsvollste Propaganda für den Pferdesport, die – oftmals spektakulären – Ritte der internationalen Reiterelite von nicht abschätzbarem Wert für Pferdesport und Pferdezucht. Aber niemand sollte seine Beziehung zum Pferd unter einen Leistungszwang stellen: Schleifen, Plaketten, Abzeichen und Pokale können sein, sie müssen es aber ganz sicher nicht! Man sollte mit dem Vorsatz an den Reitsport herangehen, so viel lernen zu wollen, daß man dem Pferd ein angenehmer Reiter, das Pferd einem ein vertrauter Partner wird. Dazu gehört, daß man auch lernt, es zu pflegen, zu füttern, zu satteln, sich wirklich mit dem Tier beschäftigt. Wem das zu mühsam ist, der sollte sich zum Fortbewegen ein Auto oder Motorrad kaufen: Pferde sind für ihn zu schade.
Wenn das Pferd auch bei uns und in vielen anderen Ländern von manchmal überharter Arbeit durch Maschinen 'befreit' wurde, so heißt das leider noch lange nicht, daß die sogenannten Sport- und Freizeitpferde nun alle das Große Los gezogen hätten. Nach wie vor werden Pferde von Menschen geschunden, wie es all die Jahrtausende hindurch geschehen ist: aus Unkenntnis, unter dem Zwang der Ereignisse, aber auch aus reiner Böswilligkeit. Trotzdem muß man hoffen, daß die Begeisterungswelle für das Pferd sich als beständiger Fluß und nicht als schnell wieder verebbende Springflut erweist. Das Pferd braucht das Interesse vieler, um überleben zu können!
Es gibt einen vielzitierten Zarathustra-Ausspruch 'Was wäre der Mensch ohne den Hund', den man ergänzen könnte: 'Und was wäre er ohne das Pferd?' Es mag der Phantasie jedes einzelnen überlassen bleiben, sich auszumalen, welche Veränderung in der Geschichte der Menschheit die Domestizierung des *Wildpferdes* bewirkt hat. Der langsame Zweibeiner wurde in einer für uns Heutige vermutlich unvorstellbaren Weise entlastet, als er lernte, sich der Kräfte und Schnelligkeit des Pferdes zu bedienen und seine Lebensmöglichkeiten dadurch rapide zu steigern. Es gab ihm Macht über jene, die die

Möglichkeit, das Wildpferd auch zu anderem als zum Verzehr zu nutzen, noch nicht erkannt hatten, es weitete seinen Lebensraum unter Schonung der eigenen Kräfte, es veränderte sein Leben vollkommen. Und diese Mensch-Pferd-Beziehung behielt tatsächlich ihre Bedeutung über Jahrtausende hinweg, aus Urtagen bis zum Ende des vorigen Jahrhunderts, ja, bis in unser Jahrhundert hinein. Die stürmische technische Entwicklung binnen einiger Jahrzehnte von den ersten Eisenbahnen und Automobilen, deren Ansatzpunkte in das vorige Jahrhundert reichen, bis zur Weltraumfahrt unserer Tage hat unser Empfinden abgestumpft. Aber lohnt es sich nicht doch, einmal zurückzudenken, wenigstens den Versuch dazu zu machen? Vielleicht kann man sich dann doch ein bißchen ausmalen, welch überwältigende Erkenntnis es für unsere Vorfahren gewesen sein muß, daß sie die Kraft des Pferdes für sich nutzbar machen konnten, welche Bedeutung dem Pferd in der Geschichte der Menschheit zukommt.

Wann diese Wandlung in der Pferd-Mensch-Beziehung eintrat, wann der Fleischlieferant Pferd zum Lastenbeförderer wurde, kann niemand genau sagen, es geschah vermutlich in der jüngeren Steinzeit, 4000-3000 v.Chr. Knochenfunde, Schnitzereien und Zeichnungen aus jenen fernen Zeiten geben der Wissenschaft die Möglichkeit, einiges zu rekonstruieren. Es ist wenig genug und andrerseits doch sehr viel, was sich aus der Vorgeschichte bis in unsere Zeit erhalten hat und dazu beiträgt, das Dunkel um das Leben unserer Vorfahren etwas zu lichten. Es gab zum Glück schon damals Künstler, die Szenen ihres Lebens festhielten und uns damit Einblicke in unsrer aller Vergangenheit ermöglichen, zu der ja auch die Vergangenheit der Tiere gehört.

Wir können heute jedes Detail unseres Lebens mechanisch in stehenden und bewegten Bildern speichern. Aber bis zur Erfindung der 'Photographie' durch den französischen Maler Louis Jacques Daguerre (1789-1851) war der Mensch darauf angewiesen, das, was er sah, selbst abzubilden, zu zeichnen, malen, schnitzen oder in Stein zu hauen.

Gerade in Verbindung mit den Pferden kann man da eine interessante Feststellung über die Leistungsfähigkeit und 'Unbestechlichkeit' des menschlichen Auges treffen. Es konnte den Bewegungsablauf bei Pferden zwar in Schritt, Trab und auch den verhältnismäßig langsam ablaufenden Figuren der Hohen Schule korrekt erfassen, aber nicht mehr die richtige Fußfolge im schnellen Galopptempo. Auf allen Bildern *vor* der Festnagelung durch die Momentfotografie ist der Galopp falsch dargestellt: beide Hinterbeine nach hinten, beide Vorderbeine nach vorn gestreckt, so wurden galoppierende Pferde gezeigt, so sehen noch heute die Karussellpferde aus. Es muß nun einen Punkt geben, von dem an die Künstler das galoppierende Pferd in naturgerechter Fußfolge aufs Bild bannten. Vermutlich geschah der Wandel in der zweiten Hälfte des vorigen Jahrhunderts. Aber viele tausend Jahre lang war der Mensch zuvor nicht in der Lage, die Galoppbewegung des Pferdes (und natürlich auch anderer schneller Tiere) mit den Augen zu 'zerlegen'. Das hat erst das Auge der Kamera möglich gemacht. Ist das nicht auch ein nettes Kuriosum am Rande der vieltausendjährigen Mensch-Pferd-Beziehung?

DAS URWILDPFERD

Es gibt nicht nur *einen* Ahnen bei unseren Hauspferden, sie haben nach Ansicht der Wissenschaftler mehrere wilde Vorfahren gehabt. Versteinerungen und Knochenfunde aus frühester Zeit, die schon erwähnten Kunstwerke eis-und steinzeitlicher Menschen sind die 'Lehrbücher', aus denen diese Erkenntnisse gewonnen werden. Bis vor etwa hundert Jahren lebten diese Hauspferd-Ahnen noch frei und ursprünglich in den Steppen Südrußlands und in den Wäldern Osteuropas, es waren der *Steppentarpan* (Equus przewalskii gmelini) und der *Waldtarpan* (Equus przewalskii silvaticus). Beide verschwanden im 18. und 19. Jahrhundert von der Erde, ausgerottet vom Menschen. Man kann denen, die das auf dem Gewissen haben, kaum einen Vorwurf machen. Es fehlte an der nötigen Einsicht, wie einfach es ist, eine Tierart zu vernichten, und wie unmöglich, sie neu zu schaffen. Einer Erkenntnis, die die Menschheit zwar heute dank der intensiven Aufklärungsarbeit der Wissenschaftler durchaus hat, aber trotzdem nur selten zur Kenntnis nimmt. Wo Wildtiere dem Menschen in irgendeiner Weise in die Quere kommen oder ihre Tötung ihm Nutzen verspricht, sind sie immer noch von der völligen Vernichtung bedroht.

Die Tarpanherden waren nun nicht nur erhebliche Nahrungskonkurrenten auf den Weidegründen der zahmen Hauspferde, die Wildpferdhengste sollen auch Stuten aus den zahmen Herden 'entführt' haben, die dann durchaus nicht immer in den Verband der domestizierten Genossen zurückkehrten, also ein Verlust waren. Kam es zu Kämpfen zwischen den Wildpferd- und Hauspferdhengsten, zogen letztere in der Regel den kürzeren. So wurden die Wildlinge also von den erbosten Herdenbesitzern bekämpft, außerdem wurden sie durch die immer weiter vorangetriebene Kultivierung ihres Lebensraumes zurückgedrängt und waren nach wie vor gejagtes Wild zur Fleischbeschaffung.

Zu Beginn des 19. Jahrhunderts hielt ein polnischer Fürst noch eine kleine Herde reinblütiger Tarpane, die er dann aber wegen Schwierigkeiten der winterlichen Futterbeschaffung an seine Bauern aufteilte. Diese zähmten die Wildlinge, paarten sie mit ihren – den Wildlingen ja sowieso sehr ähnlichen – Hauspferden, so gingen sie in den ponyartigen Hauspferdrassen auf. Zu spät fiel den Menschen ein, daß man die Urpferde zumindest in einigen Exemplaren reinblütig hätte erhalten sollen. Auch um die noch vorhandenen kümmerlichen Reste der *Steppentarpane* kümmerte man sich viel zu spät. Eine einzige reinblütige Tarpanstute war übriggeblieben, sie entwich, wurde gejagt, bis sie in eine Felsspalte geriet und ein Bein brach. Man schaffte sie zwar lebend zurück in die Gefangenschaft, aber im Dezember 1879 starb auch sie. Der Tarpan war aus dem großen Buch der Natur gestrichen.

In der Inneren Mongolei hatte aber doch noch eine bis dahin völlig unbekannte Wildpferdart überlebt. Sie wurde erst 1879, also zufällig genau in dem Jahr, als die letzte reinblütige Tarpanstute starb, von dem russischen Forscher Nikolai Przewalski entdeckt.

Allerdings hielt er die Tiere erst für eine Halbeselart oder eine etwas anders gefärbte Art des mausgrauen Tarpans. Aber sein Freund und Kollege erkannte, daß es sich um ein echtes, bisher nicht bekanntes Wildpferd handelte, es bekam den Namen Equus przewalskii *Przewalskipferd* (Abb. 1).

Auch dieses Urpferd wurde nun fleißig gejagt und wäre sicher wie der Tarpan von der Erde verschwunden, wenn nicht ein Kaufmann namens Assanow mit Friedrich von Falz-Fein, dem damaligen Besitzer der heute weltberühmten zoologischen Versuchsstation Askania Nova, bekannt gewesen wäre. Als Falz-Fein von diesen Wildpferden hörte, beauftragte er Assanow, ihm lebende Tiere zu beschaffen, was auch geschah. Carl Hagenbeck holte dann eine ganze Herde, 28 Tiere, nach Hamburg und kaufte 1902 noch mehrere Stuten und Hengste hinzu. Diese Hagenbecksche Przewalskipferd-Herde ist die Urzelle aller heute in Tiergärten gehaltenen Urwildpferde. Zwar wurden mit den Wildpferden Kreuzungsversuche gemacht, so daß auch hier die große Gefahr bestand, das echte Przewalskipferd zu vernichten, aber es blieben zum Glück noch reinblütige Tiere übrig. 1960 legte der Prager Zoo, der heute über die größte Zuchtgruppe Przewalskipferde verfügt, ein Zuchtbuch an, in das nun alle in den Tiergärten der Welt geborenen reinblütigen Urwildpferde eingetragen werden. Ob es Reste dieser Urpferde noch in freier Wildbahn gibt, läßt sich nicht mit letzter Sicherheit sagen. Zumindest aber in den Tiergärten scheint ihre Existenz gesichert, was, nebenbei bemerkt, die Bedeutung Zoologischer Gärten als Hüter bedrohter oder in der Freiheit schon ausgerotteter Tierarten aufzeigt.

Es sind auch Versuche gemacht worden, den *Tarpan* zu 'rekonstruieren'. Im Münchner Tierpark Hellabrunn sagten sich Lutz und Heinz Heck, daß dieses Wildpferdblut ja noch in einigen primitiven Hauspferdrassen vorhanden sein müsse, und sie versuchten, den Tarpan rückzuzüchten: Es entstand ein mausgraues Pony mit Aalstrich, das sehr gut das Erscheinungsbild des Wildtarpans wiedergibt, aber trotz allem eine 'Nachahmung' bleibt. Der rückgezüchtete Tarpan hat die hängende Mähne des domestizierten Pferdes behalten, er hat einen Stirnschopf, und die Mähnenhaare

werden nicht in den Haarwechsel einbezogen wie beim echten Wildpferd (Abb. 71).
Manche *Ponyrassen* tragen noch deutliche einzelne Merkmale ihrer nicht allzu fernliegenden Wildpferdabstammung wie Aalstrich, Mehlmaul, Zebrastreifung an den Beinen. Aber echte, reinblütige Wildpferde gibt es außer dem Przewalski, dem Urwildpferd, nicht mehr. Ob Dülmener Ponys, Camarguepferde oder Mustangs: sie alle sind wieder *verwilderte Hauspferde,* aber keine echten Wildpferde.
Wir stehen bewundernd und ehrfürchtig vor den großen Werken, die von Menschenhand und Menschengeist auf allen Gebieten der Kunst geschaffen wurden. Genau diese Gefühle müßten aber auch jeden beherrschen, der Przewalskipferde betrachtet, denn hier steht ein Geschöpf vor ihm, das ihn in gerader Linie zurück in die Eiszeit führt: ein lebendes Wunder, über das weitblickende Menschen gerade noch im rechten Augenblick schützend ihre Hände breiteten.
Exterieur:
Das *Urwildpferd* ist starkknochig, von Ponygröße, hat einen schweren, langen Schädel, Mehlmaul, keinen Stirnschopf, stehende Mähne, die mit den Körperhaaren gewechselt wird. Die Fellfarbe ist rötlich bis fahlbraun, Aalstrich über den Rücken und Zebrastreifung an den Beinen. Schweif und Mähne dunkel. In freier Wildbahn vermutlich nicht mehr vorhanden. Etwa 200 reinblütige Przewalskipferde sind in das Prager Zuchtbuch eingetragen. Siehe Abb. 1.

AKTUELLE TENDENZ: DAS SPORTPFERD

Noch vor 20 oder 25 Jahren konnte man bei einiger Pferdekenntnis mit hoher Sicherheit die einzelnen Warmblutrassen an ihrem Exterieur unterscheiden. Stellte man einen Ostpreußen, Hannoveraner, Oldenburger – um nur einige zu nennen – nebeneinander, sah der einigermaßen erfahrene Pferdefreund ihnen ihre Herkunft ‘an

der Nasenspitze' an. So klar waren diese Rassen im Typ voneinander abgegrenzt. Der leichte, flinke Ostpreuße, der wesentlich kräftigere Hannoveraner, der stabile Oldenburger waren echte Kinder ihrer Scholle und entsprachen in ihrem Typ genau der Arbeit, zu der sie überwiegend gebraucht wurden. Ostpreußen stellte die meisten Remonten für die Kavallerie, also leichte Reitpferde, der Hannoveraner oder Holsteiner war ein Vielzweck-Wirtschaftspferd mit besten Reitpferdeigenschaften, der Oldenburger oder auch Ostfriese ein hervorragendes Kutsch- und Wirtschaftspferd. Aber die Ansprüche, die heutzutage an Warmblutpferde gestellt werden, sind ganz anderer Art. Heeresremonten sind nicht mehr gefragt, Wirtschaftspferde sind nicht mehr gefragt. Kutschpferde als 'Spezialisten' finden kaum noch Interessenten. Gefragt ist 'das' *Sportpferd* unter dem Aspekt: schnell, kräftig, wendig, springfreudig, weder zu groß noch zu klein, mit einem Wort: vielseitig, sowohl als Turnierpferd einzusetzen als auch im Freizeitsport, also zum Spazierenreiten. Das bedeutete für nahezu alle Rassen eine Umstellung; wenn man so will, eine Nivellierung. Besonders die handfesteren warmblütigen Pferdeschläge mußten edler werden. Das trifft natürlich nicht nur auf deutsche Warmblutrassen zu, auch andere Länder mußten sich umstellen. Wer heute Warmblutpferde züchtet und sich nicht den Wünschen der 'Verbraucher' auf diesem Markt anpaßt, produziert für den Pferdeschlachter. Das klingt hart, ist aber die Wahrheit.
So ist nun ein ziemlich einheitlicher Typ Warmblüter entstanden. In den 'Grenzbezirken' gibt es immer noch typische Vertreter des früheren Zuchtideals, aber es ist heute normalerweise nicht mehr möglich, auf den ersten Blick etwa einen Trakehner von einem Holsteiner zu unterscheiden – es sei denn, dieser Blick geht zum Brandzeichen ...
Besonders deutlich wird diese Veränderung (oder Veredelung) natürlich bei den schweren Warmblutschlägen, den Württembergern, Oldenburgern, Ostfriesen. Es klingt in den Ohren der Züchter unserer vielen Warmblutrassen vermutlich nicht so gut – aber an sich könnte man durchaus generell vom 'Deutschen Warmblutpferd' sprechen. Doch jedes Pferd, das im 'Großen Sport' ganz oben

mitmischt, ist zugleich ein unschätzbarer Reklameträger für sein Zuchtgebiet, seine Rasse. Seine Erfolge schlagen sich in entsprechender Nachfrage nach Pferden dieser Rasse nieder: wer wollte darauf schon verzichten zu Gunsten des Begriffes 'Deutsches Warmblut'?
Natürlich gehen die weitaus meisten Pferde nicht den Weg in die Turnierställe, sondern zu jenen Pferdehaltern, die man heute 'Freizeitreiter' nennt. Diese Reiter brauchen keine Springkanone, die über 2 Meter hüpft, sie wollen Pferde mit möglichst unkompliziertem Charakter, brav im Stall und Gelände, Pferde, mit denen sie gut fertig werden, und die sie nicht vor allzu viele Probleme stellen. Selbstverständlich kann die Masse der Warmblutpferde diese Anforderung erfüllen, *kann* das Sportpferd ein sehr gutes Freizeitpferd sein. Das Zuchtziel kann aber nicht das Spazierreitpferd sein, es muß ein paar Stufen höher gesteckt sein, um die Qualität der Sportpferde zu halten.

BEZEICHNUNG DER RASSEN

VOLLBLUT - HALBBLUT - WARMBLUT - KALTBLUT - PONYS

Bevor ich mit dem Vorstellen der Rassen beginne, ist es wohl angebracht, die oben genannten Bezeichnungen zu erklären. Sie haben weder mit der Menge noch mit der Temperatur des Blutes, das in den Adern dieser Pferdeschläge fließt, etwas zu tun.
VOLLBLUT. *Vollblüter* sind eine vom Menschen züchterisch erschaffene Kunstrasse, sie sind besonders schnell und haben ein lebhaftes, oft auch heftiges Temperament.
HALBBLUT. *Halbblüter* sind alle Rassen mit einem mehr oder minder hohen Vollblutanteil. Sie stellen das Hauptkontingent an Sport-und Freizeitpferden, früher auch an leichten Arbeitspferden,

lut-Araberhengst

rhengst

als solche noch gebraucht wurden. Ihr Temperament ist weniger explosiv, als es das der Vollblüter sein kann (nicht muß!). Von *Halbblut* sprechen wir, wenn das betreffende Pferd tatsächlich zu 50% von einem Vollblüter abstammt, also 'Halb-Blut' ist.

WARMBLUT. *Warmblüter* ist ein in Deutschland verwendeter, an sich übergeordneter Begriff, der sowohl Vollblut- als auch Halbblutrassen umfaßt. Im Sprachgebrauch hat sich das aber sehr gewandelt. Wenn man in Deutschland von einem 'Warmblüter' spricht, denkt kaum jemand an einen Vollblüter, sondern stets an eine jener Rassen, die die Reitpferde stellen.

KALTBLUT. *Kaltblüter* sind schwere Zugpferde, deren normales Arbeitstempo der Schritt ist. Einige Kaltblutrassen haben einen Tropfen Araberblut in ihren Adern, was sich in lebhafterem Wesen und leichterer Trabaktion bemerkbar macht.

PONYS. Die *Pony-Rassen* werden nicht in eine der drei Großpferd-Kategorien eingereiht, obwohl es bei ihnen auch erhebliche Unterschiede im Exterieur und Temperament gibt und ihnen oft sehr viel Vollblut zugeführt wird. Aber sie sind alle miteinander schlicht 'Ponys'.

1 Przewalskipferde

2 Voll

3 Vollblut-Arabe

4 Vollbluthengst

5 Anglo-Araberhengst

6 Vollblut-und Anglo-Araberstuten

7 Traberhengst

8 Traberstute mit Fohlen

9 Trakehnerhengst und Trakehnerstute

10 Kindliche Spiele

11 Vollblutstuten mit Fohlen

12 Trakehnerhengst

13 Hannoveraner

14 Westfälischer Wallach

15 Holsteiner Hengst

16 Oldenburger Hengst

17 Ostfriese im heutigen Reitpferd-Typ

18 Württemberger Hengst, traditioneller Typ

19 Württemberger Hengst, moderner Typ

20 Cleveland Bay

21 Hunter

22 Idylle am Rande des Turnierplatzes

23 Hackney-Gespann

24 Viererzug Irish Draught Horses

25 Anglo-Normänner Hengst

26 Lipizzanerhengst

27 Nonius-Stute

28 Wielkopolski-Rapphengst

29 Crin Blanc, Pferdeherde in der Camargue

30 Andalusischer Hengst

31 Andalusische Stute

32 Kladruber Hengst

33 Freiberger Hengst

34 Aufbruch zur Jagd mit Beagle-Meute

35 Doppelsprung auf ungesattelten Shetlandponys

36 Ein zukünftiger Meister?

37 Ländliches Turnier

38 Sprung vom Wall beim Springderby

39 Gelderländer Fuchs beim Wanderritt

40 Schwedischer Warmbluthengst

41 Nordschwedisches Pferd

42 Dølepferd auf der Koppel

43 Lipizzaner Mutterstuten mit Fohlen

44 Galopprennen

45 Knapstruper Hengst

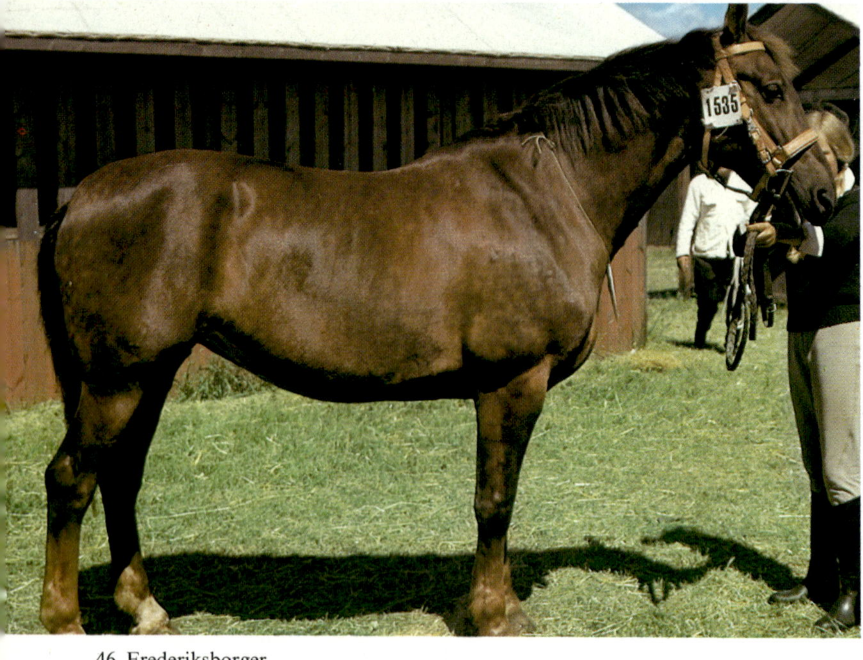

46 Frederiksborger

47 Gähnen ...

48 Flehmen

49 Viererzug beim Fahrderby

S N
F Z
WITAG-K

50 Römisches Wagenrennen als Schaunummer in Marbach (Lauter)

51 Zweispänner in konventioneller Anspannung

52 Zweispänner als ‘Tandem’ voreinander gespannt

53 Westfälisches Warmblut

54 Fünferzug arabischer Vollblutstuten in ungarischer Anspannung in Marbach (Lauter)

120

55 Schwarzwälder Hengst

56 Süddeutsches Kaltblut

57 Rheinische Kaltbluthengste

58 Aktionstraber, Schaunummer

59 Hengstparade, Haflinger und Schwarzwälder

60 Viererzug Schwarzwälder Füchse in historischen Geschirren

61 Schleswiger Kaltblutstute mit soeben geborenem Fohlen

62 Boulonnais, Französischer Kaltblüter

63 Percheron, Französischer Kaltblüter

64 Friese

65 Auf einer Straße in Irland

66 Pferde bei der Feldarbeit . . .

67 . . . heute ein seltenes Bild

68 Polnische Zuchtstuten bei der Landarbeit

69 Wielkopolski-Zuchtstuten

70 Oberländer vor dem Schlitten

71 Rückgezüchteter Tarpan

72 Isabellfarbene Shetlandstute mit Fohlen

73 Früh übt sich . . .

74 Voltigieren – die beste Vorbereitung zum Reitenlernen

75 Welsh Ponys bei der Fellpflege

76 Welsh Ponystute mit Fohlen von einem Cob-Hengst

77 Exmoor Ponys in freier Wildbahn

78 Connemaras, rechts ein Falbe

79 Dartmoor Pony

80 Highland Ponys

81 Bosniakenstute mit Fohlen

82 Dales Pony

83 Island Ponys

84 New Forest Hengst

85 Welsh Cob-Hengst

86 Huzulstute mit Fohlen

87 Konik

88 Haflinger Hengst

89 Arabo-Haflinger Hengst

90 Haflinger Mutterstuten auf der Weide

91 New Forest Stute mit Fohlen

92 Dülmener Ponys

93 Norske Fjord Pony, Hengst

94 Norske Fjord Ponys auf der Weide

95 Spielende Shetlandponys in ihrer Heimat

96 'Maxi' und 'Mini' im Zoo

97 Gotland Ponys im zotteligen Winterpelz

98 Gotland Ponys im glatten Sommerfell

99 Reitponystute mit Fohlen

100 Zwerg-Hackneystute

101 Ausklang: Vollblut-Araberhengst auf der Koppel

VOLLBLUT

ARABISCHES VOLLBLUT OX

Sagen und Legenden ranken sich um den Ursprung der edelsten aller Pferderassen, den *Araber*. Auch jene berühmten sieben – nach anderer Version fünf – Stuten Mohammeds, die die Stammütter aller reinblütigen Araberpferde sein sollen, dürften legendäre Figuren sein. Tatsache ist, daß Mohammed den Grundstein für die Zucht des 'Wüstenarabers' legte, weil er erkannt hatte, daß es der Kraft und Schnelligkeit einer schlagkräftigen Reiterei bedurfte, um Allahs Wort über Arabiens Grenzen hinauszutragen. Die Lebensbedingungen seiner Beduinen waren erbarmungslos hart, sie hatten schon Mühe, für sich selbst, ihre Ziegen und Dromedare genügend Nahrung und vor allem Wasser zu finden: wie sollten sie in dieser Umwelt noch die wesentlich anspruchsvolleren Pferde halten und züchten! Aber der Prophet machte seinen Anhängern klar, daß die Zucht edler, harter Pferde religiöse Pflicht wäre, daß diese Pferde für den Heiligen Krieg gebraucht würden. Er versprach jedem, der einen reinblütigen Araber besaß, alle Wonnen des Paradieses und erreichte tatsächlich, daß die Pferde das höchste Gut der Beduinen wurden.

Basis für die Zucht der Wüstenpferde waren die edlen orientalischen Rassen, die es in Kleinasien ja schon seit langem gab. Sie müssen in der Wüste einer unvorstellbar harten natürlichen Auslese unterworfen gewesen sein. Überleben und sich fortpflanzen konnte nur das Beste, Zäheste, Anspruchsloseste. Das ist in sehr geraffter Form die Entstehungsgeschichte des Vollblut-Arabers, der mit seiner erstaunlichen Zuchtkonstanz zum Veredelungsfaktor für die meisten Warmblut-Pferderassen der Welt, vieler Ponyrassen und sogar einiger Kaltblutrassen wurde und darüber hinaus die Stammväter des Englischen Vollblüters stellte.

In seiner eigentlichen Heimat Arabien besteht nur noch geringes

Interesse an seiner Zucht. Ägypten hat das wertvolle Erbe übernommen, im staatlichen Gestüt El Zaraah bei Kairo wurzelt heute die Zucht des reinblütigen Original-Arabers.

Exterieur:

Trockener, wohlgeformter, leichter Kopf mit breiter Stirn, harmonisch in allen Linien, nach unten stark verjüngt mit Einsenkung des Nasenbeins ('Araberknick'), aber auch mit gerader Profillinie. Feine, sichelförmig nach innen geschwungene Ohren, die sich fast berühren. Große dunkle Augen, die weit auseinanderstehen. Sehr große, dünnhäutige Nüstern. Schön gebogener, langer Hals, der nie massig sein darf. Breite Brust, hoher Widerrist, kurzer Rücken mit waagerechter Kruppe, die möglichst lang sein soll. Der hoch angesetzte Schweif soll hoch getragen werden und seidig-weiches Haar haben. Sehnige, trockne Gliedmaßen mit kurzen Röhren, mittellangen Fesseln und runden, kleinen, harten Hufen. Die Beinstellung ist nicht immer ideal. Araber haben dadurch leicht einen 'bügelnden' Gang. Das Körperhaar ist besonders fein und seidig, auffallend die langen Wimpern an den Augen. Größe: zwischen 145 cm und 160 cm Stockmaß. Die in Polen und Ungarn gezüchteten Araber sind meist etwas größer und stärker als die aus ihrer Urheimat kommenden Wüstenaraber. Farbe: sehr viel Schimmel, aber auch Füchse, Rappen, Braune. Verwendung: ein hervorragendes Freizeitpferd für alle, die mit einem sensiblen Pferd umgehen können. Denn obwohl der Araber einen sehr sanftmütigen Charakter hat und besonders zutraulich werden kann, besitzt er viel Feuer und kann bei falscher Behandlung genau so verdorben werden wie jedes andere edle Pferd. Dank seiner großen Ausdauer ein idealer Partner für Wander- und Distanzritte. Auch als Wagenpferd bestens geeignet, aber nicht für den 'großen' Turniersport, dafür ist er zu klein.

Der Araber wird noch heute in aller Welt gezüchtet. Berühmte Arabergestüte: El Zaraah/Ägypten, Haupt- und Landesgestüt Marbach/Deutschland, Janów Podlaski/Polen, Bábolna/Ungarn, Crabbet Park/England, Gestüt Pompadour/Frankreich. Siehe Abb. 2, 3, 54, 101.

In knapp 200 Jahren schufen die Engländer eine Pferderasse, die es an Zuchtkonstanz mit dem arabischen Vollblut aufnehmen kann und ebenso wie dieses zur Veredelung vieler Halbblutrassen herangezogen wurde und wird: den *Englischen Vollblüter*.
Stammväter dieser Rasse sind orientalische Hengste, darunter zumindest ein reiner Araber, der nach seinem Besitzer 'Darley Arabian' benannt wurde und in den Pedigrees der Vollblüter dominiert. Schon 1683 brachte der Rittmeister Byerley einen türkischen Hengst mit, der als 'Byerley Turk' der erste der drei Stammväter aus dem Orient wurde. Apart ist die Geschichte des dritten Hengstes – wenn es nicht eine Fabel ist: Er soll ein Geschenk des Sultans von Marokko für den französischen König Ludwig XV. gewesen und weggegeben worden sein, weil man ihn zu häßlich fand. Er hätte als Karrengaul geendet, wäre er nicht einem englischen Pferdezüchter aufgefallen, der ihn 1730 mit nach England nahm. Mr. Godolphin übertrug dem Berber aber nur die fatale Rolle des Probierhengstes für seinenZuchthengst 'Hobglobin', bis es zwischen diesem und der Stute 'Roxana' zu keiner Einigung kam und nun der Berber die Stute decken durfte. Aus dieser Verbindung fiel ein Fohlen namens 'Lath', das sich zum berühmtesten Rennpferd seiner Zeit entwickelte und damit seinen Vater, den man nun 'Godolphin Barb' nannte, zum dritten Stammvater der englischen Vollblutzucht machte. Stuten der heimischen Landschläge, vermutlich auch Ponystuten und aus dem Orient eingeführte Stuten, bildeten die Basis. Eine strenge Selektion nur nach Leistung fand statt: ein Rennpferd muß nicht schön sein, es muß Härte besitzen, mutig und möglichst schneller als alle anderen sein. Das sind die Kriterien der Vollblutzucht.
1793 wurde das *General Stud Book (GSB)* zum ersten Mal von James Weatherby zusammengestellt, und seitdem sind im GSB die Namen aller Vollblutpferde verzeichnet, deren Abstammung auf im GSB aufgenommene Eltern zurückgeht. Nur diese Vollblüter können an den Zuchtrennen des Galoppsports teilnehmen.

Es hat nun schon vor der ersten Zusammenstellung des GSB hervorragende und weithin berühmte Rennpferde gegeben. Eines davon war der am 1. April 1764 während einer Sonnenfinsternis geborene *Eclipse*, ein Ururenkel von Darley Arabian und Urenkel von Godolphin Barb. In seiner zweijährigen Rennlaufbahn gewann er sämtliche Rennen und zeugte als Beschäler 400 Fohlen. Auf seinen Namen stößt man in den Pedigrees nahezu aller Vollblüter.
In allerjüngster Zeit machte in Deutschland ein Vollbluthengst von sich reden, weil er völlig überraschend eines der bedeutendsten und schwersten Galopprennen Europas gewann: den 'Prix de L'Arc de Triomphe'. *'Star Appeal'* wurde Galopper des Jahres 1975 und mit einer Gewinnsumme von 1.328 Million DM der erfolgreichste Galopper der Bundesrepublik. *Star Appeal* ist als Deckhengst an das englische Nationalgestüt Newmarket gegangen. Seine Decktaxe: 15 675,— DM, eine Summe, die sich sehen lassen kann!
Es wäre nun aber ganz verfehlt, in der Vollblutzucht eine Goldgrube zu sehen, Normalerweise dürfte das Gegenteil der Fall sein, denn Vollblutzucht und Rennsport kosten in erster Linie Geld, viel Geld sogar. Hochdotierte Rennen *müssen* sein, um die für die Warmblutpferdezuchten so wertvolle Vollblutzucht zu ermöglichen.
England ist die 'Nabelschnur' aller Vollblüter. Mögen sie auch in Frankreich, Italien, Deutschland oder wo immer gezüchtet werden: *alle* Pferde, die hinter ihrem Namen das doppelte XX haben, stammen vom Englischen Vollblut ab, daran führt kein Weg vorbei. Der Englische Vollblüter ist aber nicht nur eine Rennmaschine. Größer als der Vollblut-Araber, stellt er auch im Turniersport, selbst im harten Springsport 'seinen Mann'. Häufiger noch sieht man Vollblüter in der Dressur gehen. Aber auch als Jagdpferd und in Vielseitigkeitsprüfungen, die mit das Härteste sind, was Sportpferde zu leisten haben, findet man Vollblüter.

Exterieur:

Da rein auf Leistung gezüchtet, uneinheitlich im Typ. Neben bildschönen gibt es geradezu häßlich wirkende Vollblüter, aber das ist eben keine Rasse, bei der Schönheit eine Rolle spielt. Gewünscht ist ein trockner, edler Kopf mit großen, klugen Augen und weiten Nüstern. Der Hals soll schön angesetzt und lang sein, doch kom-

men sogenannte 'Hirschhälse' häufig vor, die zwar im Reitsport unerwünscht sind, im Rennsport jedoch keine Rolle spielen. Hoher Widerrist, lange, schräge Schulter, elastischer, gut bemuskelter Rücken mit kräftiger Nierenpartie und lange, stark bemuskelte Kruppe muß der Vollblüter ebenso haben wie einen tiefen Brustkorb, der viel Platz für Herz und Lungen hat. Die Gliedmaßen sollen muskulös mit klaren Sehnen sein und kräftige Sprunggelenke haben. Die dünn behaarte, sehr feine Haut läßt das Adergeflecht deutlich sichtbar werden. Größe: 160 cm bis 165 cm Stockmaß, auch darüber. Farbe: alle Farben. Verwendung: Außer im Rennsport für alle Zwecke des Turniersports geeignet, kein Freizeitpferd im Sinne gemütlichen Bummelns. Der Vollblüter mit seinem sprühenden Temperament braucht einen erfahrenen Reiter, der mit so feinnervigen Pferden umzugehen versteht.
Gestüte: Vollblüter werden in aller Welt gezüchtet. Siehe Abb. 4, 6, 11. Nationalgestüt Newmarket in England, in Westeuropa überall Privatgestüte, in der DDR Graditz, das ehemals größte deutsche Vollblutgestüt in Staatsbesitz.

ANGLO-ARABER X

Es lag sicher auf der Hand, aus den beiden leistungsfähigen Vollblutrassen, *Araber* und *Engländer*, ein Pferd zu formen, das die Vorzüge beider Rassen in sich vereinigt: Schönheit und Sanftmut des Arabers mit dem größeren Rahmen und dem Gang des Engländers. Besonders in Frankreich, Polen und Ungarn widmete man sich schon im vorigen Jahrhundert der Zucht des *Anglo-Arabers*, und in diesen Ländern entwickelte sich aus den Kreuzungsprodukten eine hochgeschätzte, gefestigte Rasse, eben der Anglo-Araber. Da nun aber nicht nur Vollblutaraber zur Zucht verwendet werden, muß man den vollblütigen vom halbblütigen Anglo-Araber unterscheiden und kann ihn nicht nur als Vollblut deklarieren. Die Vollblut-Anglo-Araber müssen selbstverständlich zu 100% eingetragene Vollblut-Ahnen haben und bekommen ein 'X' hinter den

Namen. Die Halbblut-Anglo-Araber müssen mindestens 25% arabisches Blut führen. Diese Bestimmung gilt auch bei den Vollblütern, doch müssen es bei dem Halbblüter eben nicht nur Vollblutahnen sein.

Während der Anglo-Araber in den drei genannten Ländern seit langem eine sehr geschätzte Sportpferdrasse ist, gewinnt er bei uns erst Bedeutung, seit der aus Polen importierte Schimmelhengst 'Ramzes' die Leistungsfähigkeit seiner Rasse nachdrücklich unter Beweis stellte, und zwar gleich in doppelter Hinsicht. Ramzes brachte nicht nur selbst als Springpferd große Leistungen, er erwies sich darüber hinaus als großartiger Vererber, produzierte hervorragenden Nachwuchs an Sportpferden für den Dressur- und Springsport und beste Söhne für die Zucht. Seitdem hat der Anglo-Araber auch bei uns einen Namen.

Exterieur:

Sehr nobles Pferd, oft im großen Rahmen mit edlem Kopf, schön aufgesetztem Hals, langer, schräger Schulter und trocknen Beinen. Größe: um 160 cm Stockmaß. Farbe: alle Farben. Verwendung: hervorragendes Sportpferd, oft mit sehr großer Veranlagung zum Springen. Auch als Freizeitpferd geeignet, aber nur für erfahrene Reiter, die mit Blutpferden umzugehen wissen. Der Halbblut-Anglo-Araber hat im allgemeinen nicht ganz so viel Temperament. Gestüte: Pompadour, Pau, Tarbes in Südfrankreich, Janów Podlaski/Polen, Bábolna, Mezöhegyes/Ungarn. Siehe Abb. 5, 6.

TRABER

In vielen Ländern werden Traber gezüchtet, ohne daß diese zum Halbblut gehörende Rasse einem Land speziell zugeordnet werden könnte: der Traber ist international.

Am Beginn seiner Entwicklungsgeschichte stand der Wunsch nach besonders schnell und ausdauernd trabenden Kutschpferden, der in England mit dem Norfolk-Trotter oder Hackney, in Rußland mit dem Orlowtraber Erfüllung fand. Von da bis zum rein auf Leistung

gezüchteten Rennpferd war es nicht mehr weit. Es lag auf der Hand, zur Zucht immer wieder nur die schnellsten Hengste und Stuten zu verwenden, ihre Leistung im direkten Vergleich gegeneinander zu messen und schließlich eben Rennspezialisten zu züchten. Gegenüber dem ebenfalls nur auf Leistung gezüchteten Vollblüter mit dem Unterschied, daß die Leistung im Trab und nicht im Galopp erbracht werden muß.
Zu Hochburgen der Traberzucht entwickelten sich Frankreich und Amerika. In Deutschland baute man erst auf den Orlowtraber, importierte dann aber bestes amerikanisches Zuchtmaterial und verstand es, den Trabersport zu einem Volkssport zu machen. Das erste offizielle Trabrennen in Deutschland fand 1874 in Hamburg statt und wurde vom 'Altonaer Renn- und Traber-Club' ausgerichtet. Außer Hamburg sind München und Berlin Zentren des Trabersports. Die Zucht liegt in privaten Händen, häufig werden nur eine oder zwei Stuten gehalten. Da der Traber ein recht robustes und anspruchsloses Pferd ist, eignet er sich durchaus auch als Wirtschaftspferd für den 'täglichen Gebrauch' und zieht einen normalen Wagen mit dem gleichen Fleiß wie den Sulky im Rennen. Untrainierte Traber können auch sehr gute Freizeitpferde abgeben, besonders geeignet für Wanderritte, viele haben auch ein sehr gutes Springvermögen. Für den Freizeitreiter sind Traber amerikanischer Abstammung vorzuziehen, weil sie im Temperament einfacher sind als die viel Vollblut führenden französischen Traber. Übrigens sind Traberhengste in den Pedigrees bester Sportpferde zu finden.
Wer sich als Freizeitreiter einen Traber kaufen möchte, muß wissen, daß ein bereits auf der Rennbahn gegangener Traber durch die scharfen Renngebisse meist sehr hartmäulig ist. Natürlich ist auch der Galopp eines Trabers nicht so weich und flüssig wie der des nicht auf Trab spezialisierten Reitpferdes. Andrerseits sind Traber zäh, langlebig und willig, im täglichen Umgang sehr angenehme Pferde.
Exterieur:
Uneinheitlich im Typ, da nur auf Leistung gezüchtet wird. Manchmal etwas grober Kopf mit großen, lebhaften Augen. Tief angesetzter Hals, manchmal etwas kurz. Lange, gut bemuskelte Schulter, weicher Rücken und kurze, runde, muskulöse Kruppe. Sehr harte

Beine mit kurzen Röhren und tiefsitzendem Sprunggelenk, steile Fesselung, harte, kleine Hufe. Größe: 155 cm bis 165 cm und darüber. Farbe: überwiegend Braune, aber auch Rappen, Füchse, Schimmel. Verwendung: Spezialrasse für den Rennsport, aber auch gutes Sport- und Freizeitpferd von lebhaftem, aber meist gutartigem Temperament. Als Kutschpferd sehr geeignet. Siehe Abb. 7, 8, 58.

WARMBLUT

BUNDESREPUBLIK DEUTSCHLAND

Trakehner

Das in Ostpreußen gezüchtete Warmblutpferd ist nie in erster Linie ein Wirtschaftspferd gewesen wie die im Norden und Süden Deutschlands gezüchteten Rassen. Zwar wurde auch der Ostpreuße zu jeglicher Arbeit in der Landwirtschaft eingespannt, aber Zuchtziel war das harte, edle, leichte Reitpferd, wie die Kavallerie es bis in unser Jahrhundert hinein in großer Zahl brauchte.

Die Geschichte der Rasse reicht bis zu der Zeit des Deutschen Ritterordens zurück, also in das 13. Jahrhundert. Auf der Basis der vorhandenen zähen Kleinpferdstuten, 'Schwaiken' genannt, wurde in den Gestüten des Ordens bereits eine edlere und eine stärkere bodenständige Pferderasse gezüchtet. Aber erst mit der Gründung des 'Königlichen Stutamtes Trakehnen' im Jahre 1732 begann die Geschichte des Ostpreußen Trakehner Abstammung, die Geschichte einer sehr edlen und in sich gefestigten Rasse, die in neuerer Zeit erfolgreich zur Veredelung schwerer Warmblutrassen eingesetzt wurde.

Hatten schon die Ordensritter orientalische Hengste zur Zucht verwendet, so waren es später Arabische und Englische Vollblüter, die als Vatertiere dominierten. Einer der berühmtesten Trakehner Vererber, der Hauptbeschäler 'Tempelhüter', hatte den Vollblüter 'Perfektionist' XX zum Vater. Übrigens gehört Tempelhüter zu den wenigen Pferden, denen man ein Denkmal setzte. Ursprünglich stand es vor dem Wohnsitz des Landstallmeisters in Trakehnen und hat heute einen Platz vor dem Pferdemuseum in Verden/Aller.

Das Zuchtvolumen in Ostpreußen war größer als in allen anderen deutschen Pferdezuchtgebieten und umfaßte bis zu 60.000 Zuchtstuten, eine fast unvorstellbare Zahl! Ebenso unvorstellbar aber, daß davon nur einige Hundert übrigblieben, daß der Zusammenbruch 1945 fast das Ende dieser edlen Pferde gebracht hätte. Etwa 800 Stuten und rund 40 Hengste überstanden die enormen Strapazen des mörderischen Flüchtlings-Trecks und wurden verstreut in ganz Westdeutschland untergebracht. Aber sehr bald fanden sich engagierte Freunde dieser Rasse, sie gründeten den 'Verband der Züchter und Freunde des Warmblutpferdes Trakehner Abstammung e.V.' in Hamburg, suchten mit zäher Beharrlichkeit zusammen, was sich an Ostpreußen Trakehner Abstammung in den Westen gerettet hatte, und bauten die Zucht wieder auf. Der Verband unterhält selbst einige Gestüte, so Rantzau in Ostholstein, Birkhausen bei Zweibrücken/Pfalz, Erichsburg bei Hunnesrück. Außerdem widmen sich viele private Züchter dem Trakehner.

Das Stutbuch des Trakehner Verbandes ist geschlossen. Es werden nur noch Stuten darin aufgenommen, deren Vorfahren bereits im Stutbuch eingetragen sind und deren Reinblütigkeit sowohl väterlicher- als auch mütterlicherseits über vier Generationen hinweg nachgewiesen werden kann. Ausnahmen: Englische Vollblüter und Araber, für die die Stutbuchanerkennung vom Verband erteilt wurde.

Die Zahl der Stuten ist inzwischen – 1976 – auf über 3.000, die der Hengste auf 200 angestiegen: ein schöner Erfolg für die Retter des Trakehners, der Freunde in aller Welt hat.

Exterieur:

Feiner, ausdrucksvoller Kopf mit manchmal etwas lang geratenen Ohren ('Trakehner Ohren'), schön aufgesetzter, langer Hals, hoher Widerrist, lange, schräge Schulter, lange und tiefe, aber ziemlich

schmale Brust. Kräftiger, elastischer Rücken mit guter Sattellage, lange, schräge, sehr gut bemuskelte Kruppe mit hoch angesetztem Schweif. Trockene, sehnige und korrekt gestellte Gliedmaßen. Farben: Braune, Rappen, Füchse, Schimmel. Größe 160 cm bis 175 cm Stockmaß. Charakter: Lebhaftes Temperament, kann bei unsachgemäßer Behandlung schwierig und heftig sein.
Verwendung: Dank seiner schwungvollen Gänge, dem großen Galoppier- und Springvermögen für alle Sparten des Turnier- und Freizeitsports geeignet. Auch als Kutschpferd. Darf nicht zu jung gefordert werden, da spätreif. Siehe Abb. 9, 12.

Hannoveraner

Nicht umsonst hat Niedersachsen ein springendes weißes Pferd im Wappen. Pferde spielten und spielen in diesem Bundesland eine große Rolle. Das Weiße Roß ist eigentlich das Wappenpferd der Welfen, im Hofgestüt Herrenhausen gab es im 18. Jahrhundert eine Zucht weißgeborener Schimmel. (Normalerweise kommen auch Schimmelfohlen mit dunklem Haar zur Welt und werden erst im Laufe von Jahren zu mehr oder weniger weißen Schimmeln.)
1735 gründete Georg II., König von England, Kurfürst von Hannover, das noch heute bestehende Landgestüt Celle. 14 Holsteiner Rapphengste bildeten den Beschälerstamm. Im 19. Jahrhundert wurden vermehrt englische Vollbluthengste aufgestellt. Doch da das Zuchtziel ein für alle Zwecke verwendbares starkes Warmblutpferd war, drosselte man die Verwendung von Vollbluthengsten wieder, um den Hannoveraner nicht zu leicht werden zu lassen.
1888 wurde das Hannoversche Stutbuch gegründet. 1922 wurden seine Aufgaben vom Provinzialverband hannoverscher Pferdezüchter übernommen, der jetzt 'Verband hannoverscher Warmblutzüchter e.V.' heißt. Im größten zusammenhängenden Warmblutzuchtgebiet Europas stehen ungefähr 10.000 eingetragene Zuchtstuten – seit Generationen durchgezüchtet, ein für heutige Verhältnisse riesiges Zuchtpotential. Die Hengsthaltung liegt fast ausschließlich in staatlicher Hand, die Celler Hengste – etwa 150-160 – werden einer

monatelangen Leistungsprüfung unterzogen, bevor sie zum Deckeinsatz kommen. Seit Herbst 1975 befindet sich die Hengstprüfungsanstalt in Adelheidsdorf bei Celle. Die Junghengste des Landgestüts Celle kommen mit 2 1/2 Jahren nach Adelheidsdorf und werden dort 11 Monate trainiert bis zur Leistungsprüfung, von deren Bestehen ihre Verwendung in der Zucht abhängig ist. Letzteres gilt auch für von auswärts kommende Hengste, die aber nur eine 3 1/2-monatige Ausbildungszeit bis zur Prüfung absolvieren müssen. Neben den selbstverständlichen rein körperlichen Leistungen wird größter Wert auf das Wesen gelegt. Temperament, Charakter, Leistungswille – alles wird beurteilt. Der Hannoveraner soll nicht nur ein hervorragendes Sportpferd sein, sondern auch dem Freizeitreiter ein angenehmer, 'braver' Partner.

Da auch der Hannoveraner heute nicht mehr allzu mächtig gewünscht wird, ist der Vollblutanteil in der Zucht wieder etwas angestiegen, vor allem aber haben sich Trakehner Hengste auch in der hannoverschen Zucht bewährt ('Abglanz', 'Semper Idem').

Das Warmblutpferd hannoverscher Prägung hat bedeutende Nachzuchtgebiete in Deutschland. Auf rein hannoverscher Grundlage züchtet man in Bayern ein Warmblutpferd. Der *Westfale* ist im Grunde ebenfalls ein Hannoveraner, wenn auch mit eigenem Stutbuch und eigenem Landgestüt in Warendorf. Und die Zucht der *Mecklenburger* und *Brandenburger* in der DDR fußt auch auf hannoverschem Blut.

Exterieur:

Der Kopf wirkt manchmal etwas schwer, ist aber trotzdem edel. Gut angesetzter, langer Hals, tiefe Brust, lange, schräge Schulter und ausgeprägter Widerrist, der eine gute Sattellage verbürgt. Gut bemuskelter, verhältnismäßig langer Rücken mit langer, leicht abfallender Kruppe und schön getragenem Schweif. Kräftige Gliedmaßen mit trockenen Sehnen und massiven Sprunggelenken, kräftigen Hufen. Die in puncto Bodenverhältnisse recht unterschiedlichen Aufzuchtgebiete des Hannoveraners bedingen auch eine relativ große 'Bandbreite' im Typ. Es gibt ausgesprochen starke Gewichtsträger mit großem Springvermögen und ausgesprochen edle, leichtgewichtigere Hannoveraner, die im Dressursport und für

den Freizeitreiter besonders geeignet sind. Farben: sehr viel Braune und Füchse, aber auch Rappen und Schimmel aller Schattierungen. Größe 165 cm bis 175 cm Stockmaß.
Verwendung: Für alle Zwecke des Reit- und Fahrsports. Im Springsport stehen Hannoveraner in Europa sowohl der Quantität als der Qualität nach an der Spitze der Turnierpferde. S. Abb. 13.

Westfale

Wie das Nachbarland Hannover hat auch Westfalen ein springendes Roß im Wappen, hier wie dort hat die Pferdezucht eine alte Tradition und große Bedeutung. 1826 wurde das Landgestüt Warendorf gegründet, im März 1904 in Münster das Westfälische Pferdestammbuch e.V. angelegt. Anfangs wurde der Westfale auf Oldenburger Basis gezüchtet, auch Anglo-Normänner fanden in der Zucht Verwendung. Aber seit 1920 ist die westfälische Warmblutzucht auf hannoverscher Grundlage aufgebaut, das Zuchtziel ein charakterlich einwandfreies, großrahmiges Reitpferd von ruhigem Temperament, das sowohl im Turniersport als auch für den Freizeitreiter geeignet ist. Aus dem westfälischen Zuchtgebiet sind in den letzten Jahren hervorragende Springpferde gekommen, eine nie zu unterschätzende Reklame für eine Pferderasse. Nach Hannover verfügt Westfalen über die größte Zahl eingetragener Stuten.
Exterieur:
Edler Kopf, langer, gut aufgesetzter Hals, lange, schräge Schulter, ausgeprägter Widerrist. Gut bemuskelter Rücken, lange, muskulöse Kruppe. Kräftige Gliedmaßen mit trockenen Sehnen und massiven Gelenken. Größe: 165 cm bis 175 cm Stockmaß. Farbe: alle Farben.
Verwendung: Sport- und Freizeitpferd für alle Zwecke. Siehe Abb. 14, 53.

Holsteiner

Auf den fetten Weiden der Marschen ebenso wie auf den kargeren Gründen der Geest wuchsen schon im Mittelalter hervorragende

Pferde heran. Holsteiner Herzöge, dänische Könige und nicht zuletzt die Klöster waren Förderer der Pferdezucht 'zu Zwecken der Bodenbearbeitung wie für Kriegsnöte', wie es in einer alten Chronik heißt. Hengste aus Andalusien brachten dem Holsteiner das 'stolze' Gepräge, den hohen Aufsatz, die erhabene Knieaktion. Holsteiner Hengste waren begehrt, wurden nicht nur Stammväter der hannoverschen Zucht, sondern auch in Oldenburg, Mecklenburg, Westfalen eingesetzt. Aber eine Festigung des Typs brachte erst die Nachzucht von Yorkshire Coach-Hengsten, die im vorigen Jahrhundert aus England eingeführt wurden. 'Owstwick', 'Brillant' und 'Burlington Turk' müssen als Stammväter des heutigen Holsteiners gelten.

In der 'preußischen' Zeit Holsteins wurde 1867 das Landgestüt Traventhal gegründet. 1891 schlossen sich die Züchter des Marschlandes zusammen. 1896 gründeten auch die Züchter der Geestlande einen Verband – und 1935 taten sich beide zum Wohle der Zucht zum 'Verband der Züchter des Holsteiner Pferdes' zusammen.

Von erheblicher Bedeutung war die Gründung der Reit-und Fahrschule Elsmhorn im Jahr 1894. Ihr Ziel war und ist auch heute noch: Ausbildung der Züchterjugend, Herausbringen bestens vorbereiteter Pferde für den Sport, erfolgreiche Werbung für das Holsteiner Pferd.

1960 mußte das Landgestüt Traventhal geschlossen werden, die Zahl der Stutenbedeckungen war rapid zurückgegangen. Der Züchterverband übernahm den Beschälerbestand. Das Zuchtziel des Verbandes: Produktion eines marktgängigen Pferdes mit den Vorzügen eines Reitpferdes für jeden Gebrauch, bei Beibehaltung der unabdingbaren Eigenschaften eines Wirtschaftspferdes in Kaliber und Charakter.

Bei der auch in der Holsteiner Zucht angestrebten Veränderung zum 'marktgängigen', also edleren Typ verwendet man vor allem Vollbluthengste mit Steeplereigenschaften, damit das gewaltige Springvermögen der Holsteiner keine Einbuße erleidet. So entstand ein dem englischen und irischen Hunter adäquates, zwar immer noch starkes, aber dabei edles Pferd, das im Großen Springsport ebenso gefragt ist wie im Fahrsport. Holsteiner Gespanne haben die

Nase bei allen Gespannprüfungen vorn. Das Zuchtvolumen Holsteins ist wesentlich geringer als das in Hannover oder Westfalen, trotzdem finden sich im Turniersport fast ebensoviel Holsteiner wie Hannoveraner.
Man kann einen Streifzug durch die Holsteiner Pferdezucht nicht beenden, ohne des berühmtesten vierbeinigen Holsteiners zu gedenken. Fritz Thiedemanns 'Meteor' war unter den vielen guten Springpferden Holsteins Bester der Besten, ein Ausnahmepferd, das jahrelang auf allen großen Turnierplätzen bekannt und erfolgreich gewesen ist. Auch 'Meteor' setzte man ein Denkmal, es ist vor der Reit-und Fahrschule Elmshorn aufgestellt.
Exterieur:
Ausdrucksvoller, manchmal etwas schwerer Kopf mit Ramsnase. Gut angesetzter, schön getragener Hals, gut gelagerte Schulter, tiefe und breite Brust, kräftiger, oft etwas langer Rücken mit muskulöser Nierenpartie und gut bemuskelter Kruppe. Korrekt gestellte Gliedmaßen mit klaren Sehnen und Gelenken. Im Urtyp ein starkknochiges, großes Pferd mit raumgreifendem Galopp und gewaltigem Springvermögen, im heutigen Typ etwas edler. Farbe: überwiegend Braune von Hell- bis Schwarzbraun, selten Füchse und Schimmel. Größe: 165 cm bis 175 cm Stockmaß. Charakter: Gutes, oft lebhaftes Temperament. Verwendung: ein Allroundpferd zum Reiten und Fahren mit spezieller Begabung zum Springen. Siehe Abb. 15.

Oldenburger

Schon vor 300 Jahren praktizierte Graf Anton Günther, Regent von Oldenburg, ein Verfahren in der Landespferdezucht, das man nur als vorbildlich bezeichnen kann – und entsprechenden Erfolg hatte. Die Bauern erhielten aus seinen Gestüten nicht nur gute Stuten zugeteilt, er stellte für sie dann auch seine Gestüthengste zur Verfügung. Zusätzlich wurden die Bauernsöhne ebenso in der Zucht und Behandlung der edlen Pferde unterwiesen wie im Reiten und Fahren. Der gewünschte Pferdetyp jener Zeit war ein Karossier mit viel Aufsatz und hohem Kniebug, der sich auch als schweres

Reitpferd eignete. Andalusische und neapolitanische Hengste gaben dem Oldenburger Pferd beides, es entstand ein schweres Blutpferd, das schwungvoll mit erhabener Knieaktion vor dem Wagen ging und vor viele Staatskarossen gespannt wurde. Der kluge Regent verstand es nämlich auch, seine Pferde im Ausland bekannt zu machen, er schenkte anderen Fürsten besonders ausgewählte Tiere und erreichte so, daß Oldenburger Pferde in andere Länder exportiert wurden. Man könnte sagen, der hochtrabende Oldenburger Karossier war der Mercedes 600 jener Zeit.

Aber die Zeiten ändern sich. Kutschpferde, und mögen sie noch so schön gehen, sind nur selten gefragt, schwere Reitpferde erst recht nicht. Und gängige Wirtschaftspferde, wie man sie noch bis in die fünfziger Jahre unseres Jahrhunderts brauchte, sind eben nicht mehr gefragt. So stand auch die Oldenburger Pferdezucht vor dem Problem, sich den 'Markterfordernissen' anzupassen, den Oldenburger zu einem leichteren Sportpferd umzuzüchten, ohne die solide Grundlage des verhältnismäßig kleinen Stutenstammes zu zerstören. Daß die Oldenburger Pferdezucht einschließlich der gesamten Hengsthaltung völlig auf privater Basis fußt, macht eine solche Aufgabe nicht leichter. Es wurden zur Veredelung in der 1. Kreuzungsstufe ausschließlich Vollbluthengste eingesetzt. In der zweiten Kreuzungsstufe werden die F_1-Stuten, die also 50% Vollblut führen, mit Veredelungshengsten im Reitpferdtyp eingesetzt. Hannoveraner, Trakehner, Anglo-Normänner und Anglo-Araber aus Frankreich wurden verwendet. Der Erfolg ist erstaunlich. Obwohl Oldenburg flächenmäßig der kleinste Pferdezuchtverband in der BRD ist, steht er mit 3.500 Stuten und 70 Hengsten nach der Zahl der eingetragenen Zuchtpferde an 4. Stelle unter 14 regionalen Verbänden. Nach der Zahl der in Kategorie A, das ist die höchste Klasse, eingetragenen Sportpferde sogar an 3. Stelle, ebenso nach der Zahl der gedeckten Stuten. Die Umzüchtung zum edlen Sportpferd ist voll gelungen, ohne daß das leichtere Kaliber dem Oldenburger die stolze Haltung, die Energie im Gang genommen hätte. Oldenburger Pferde haben in allen Disziplinen des Turniersports, ob Springen, Military oder Dressur, Sieger gestellt: das ist heutzutage nun einmal das Kriterium, an dem die Verwendbarkeit einer Warmblutrasse gemessen wird. Das Zuchtziel wird in vier Punkten zusammengefaßt: 1. Korrektes Exterieur und einwandfreie Gänge. 2. Leichtrittigkeit. 3. Guter Charakter. 4. Adel und Schönheit. Sowohl Hengste als auch Stuten müssen Eigenleistungsprüfungen ablegen. Die Hengste mit 3 1/2-monatigem Training in Westercelle, die Stuten unter dem Reiter mit festgesetzten Mindestleistungen in allen drei Gangarten.

Exterieur:

Feiner, edler Kopf, hoch aufgesetzter Hals, gut gelagerte, lange Schulter, ausgeprägter Widerrist, nicht zu langer, kräftiger Rücken und gut bemuskelte Kruppe. Korrekt gestellte Gliedmaßen, trocken und muskulös mit kräftigen Gelenken. Farbe: Braune, Rappen, seltener Schimmel und Füchse. Größe: ideal 165 cm, Streuung nach oben und unten von etwa 5 cm. Charakter: ruhiges, angenehmes Temperament. Verwendung: Sport-und Freizeitpferd, auch als Kutschpferd immer noch mit hervorragenden Leistungen. Siehe Abb. 16.

Ostfriese

Den eigentlichen 'alten' Ostfriesen gibt es nicht mehr. Er war ein schwerer Warmblüter, hart an der Grenze zum Kaltblut stehend, aber mit viel Gang und Nerv: ein vorzügliches Kutsch- und Wirtschaftspferd, im Mittelalter ein beliebtes und bekanntes 'Ritterpferd'. Später wurden bereits leichte, edle Hengste eingekreuzt, die nicht immer das gewünschte Resultat erbrachten. Vor rund 30 Jahren stellte man Vollblut-Araber auf: den braunen Hengst 'Wind ox', die Schimmelhengste 'Jason ox' und 'Haladin ox', der 'Friesenaraber' entstand, der aber auch noch nicht der Weisheit letzter Schluß schien. So hat man sich dazu entschlossen, den Ostfriesen dem Hannoveraner anzugleichen, um das gewünschte Sportpferd im großen Rahmen mit genügend Adel und Schwung anbieten zu können. Nicht nur im Pferdetyp sucht man sich 'hannoverisch' zu orientieren, das ostfriesische Stutbuch hat sich dem Verband hannoverscher Warmblutzüchter angeschlossen, und es werden nur noch Hengste gekört, die arabischer, hannoverscher

oder ostpreußischer Abstammung sind.
Exterieur:
Edler, auffallend kleiner Kopf, häufig mit Ramsnase, schön angesetzter, mächtiger Hals, tiefer, breiter Rumpf mit gerader, gut bemuskelter Kruppe, gut gelagerte Schulter, wenig Widerrist, kurze kräftige Gliedmaßen mit trocknen Sehnen und starken Gelenken. Farbe: viel Füchse, aber auch Braune, Rappen, bei Friesenarabern viel Schimmel. Größe: Friesenaraber 155 cm bis 160 cm, sonst bis 175 cm und darüber. Charakter: Gutes Temperament. Verwendung: im hannoverschen Typ gute Sportpferde, der kleinere Friesenaraber ist ein gutes Freizeitpferd. Siehe Abb. 17.

Württemberger

Württemberg gehört zu jenen Pferdezuchtgebieten wie Oldenburg und Ostfriesland, die den Typ ihres Zuchtproduktes radikal umstellen mußten. Der Württemberger war ehemals ein nahe am Kaltblut stehendes, kräftiges Wirtschaftspferd, wie die Bauern des Landes es brauchten: solide, zuverlässig, gutartig, sicher im Zug. Aber was über Jahrhunderte hinweg gut und richtig war, hatte plötzlich keinen Wert mehr. Sollte die Zucht des Württemberger Warmbluts weiterbestehen, mußte auch hier der große Umbruch erfolgen. Da schon in früheren Zeiten arabisches und ostpreußisches Blut in der Zucht des Württembergers verwendet worden war, suchte man hier den Anschluß zu finden. Ein Glücksgriff brachte den Durchbruch. Als bereits Zwanzigjähriger kam der 1938 geborene ostpreußische Hengst 'Julmond' mit einigen seiner noch im Fohlenalter stehenden Söhne nach Marbach und wurde Hauptbeschäler. Er erwies sich als der 'große Wurf', denn schon in verhältnismäßig kurzer Zeit, nach einigen Jahren größter Spannung, zeigte sich, daß die große Umstellung gelungen war. Der Württemberger von heute ist ein Pferd, das es an Eleganz und Schönheit mit den 'gestandenen' Reitpferdrassen aufnehmen kann und dabei Zuverlässigkeit und guten Charakter des alten Typs behalten hat. So ist auf dem Boden des über 400 Jahre bestehenden und damit ältesten deutschen Gestüts Marbach eine alte Pferderasse in neuem Glanz erstanden. 1965 endete Julmonds erfolgreiches Pferdeleben. Von seinen zahlreichen Nachkommen zeigen wir den Hengst '*Jugol*' (Abb. 19) und zum Vergleich den alten Typ des Württembergers, den über zwanzigjährigen Hengst '*Sommer*' (Abb. 18), der sein Gnadenbrot erhält, natürlich nicht mehr in der Zucht eingesetzt wird, aber noch äußerst munter ist.

Exterieur:

Edler Kopf, schön angesetzter Hals, tiefe Brust, ausgeprägter Widerrist, gut bemuskelter, nicht zu langer Rücken und breite, muskulöse Kruppe. Schräge Schulter, kräftiges Fundament mit korrekter Beinstellung, harte Hufe. Farbe: Braune, Füchse, Rappen, selten Schimmel. Größe 160 cm bis 165 cm und darüber. Verwendung: vielseitig verwendbares Sportpferd mit gutem Charakter. Siehe Abb. 18, 19.

GROSSBRITANNIEN UND IRLAND

Cleveland Bay

Der Cleveland Bay oder Cleveland Brown, wie er seiner ausschließlich braunen Farbe wegen auch genannt wird, ist ein mittelschweres Warmblutpferd. Die Geschichte seiner Zucht ist etwa 200 Jahre alt, seine engere Heimat die Grafschaft Yorkshire.

Im 18. und 19. Jahrhundert wurde ihm übermäßig viel orientalisches und englisches Vollblut zugeführt, so daß der Cleveland den Charakter des mittelschweren Warmblüters zu verlieren drohte. Man braucht aber für die Zucht der so begehrten *Hunter*, die keine eigenständige Rasse sind, als Basis verhältnismäßig schwere Warmblüter. Und hier zeichnete sich der Cleveland Bay besonders aus: mit Vollblütern gekreuzt, gab es schon in der 1. Generation hervorragende Hunter, unverwüstliche, harte Jagdpferde, die nicht nur über schwere Naturhindernisse zu springen vermochten, sondern auch Dauerleistungen aufstellten und größter Beanspruchung gewachsen waren. Ausdauer und gute Konstitution kamen (und kommen) weitgehend vom Cleveland Bay, der über Galoppiervermögen und ebenso gutes Springvermögen verfügt. Seit altersher stellt der Cleveland Bay die Kutschpferde für den königlichen Marstall, aber seine heutige Bedeutung liegt in dem Wert, den er für die Produktion des Hunters hat. 1884 gründeten die Züchter die 'Cleveland Bay Horse Society', und nur die in diesem Stutbuch eingetragenen Pferde gelten als reine Cleveland Bay. Übrigens haben Cleveland Bay-Hengste in früherer Zeit auch großen Einfluß auf deutsche Warmblutzuchten gewonnen, so auf die Oldenburger Zucht.

Exterieur:

Etwas langer, aber nicht unedler Kopf, kräftiger, gut getragener Hals, schräge, lange Schulter. langer, manchmal etwas weicher Rücken, lange Kruppe. Trocknes Fundament, lange Röhren, breite Sprunggelenke. Farbe: nur Braune, weiße Abzeichen gelten als fehlerhaft. Größe: 165 cm bis 170 cm. Verwendung: für alle Zwecke geeignetes Warmblutpferd mit ruhigem Temperament, großem Spring-und Galoppiervermögen. Siehe Abb. 20.

Hunter

Irische und englische Hunter genießen Weltruf, sie sind ein Begriff, aber keine eigene Rasse. Großrahmige Vollblüter, auf der Rennbahn als Steepler erprobt, sind die Väter, Stuten sehr stabiler Warmblutrassen, in England überwiegend des Cleveland Bay, in Irland vom Irish Draught Horse, einem hart am Kaltblüter stehenden Zugpferd, die Mütter dieser begehrten Jagdpferde mit dem legendären Ruf. Äußere Schönheit spielt nicht die geringste Rolle bei der Hunterzucht, es gibt ausgesprochen häßliche Pferde unter ihnen, Hauptsache, die Leistung stimmt. Gewaltiges Springvermögen über jede Art von Hindernissen bei größter Ausdauer, ein mutiges Herz und ein gelassenes Temperament ist das, was der Reiter vom Hunter erwartet. Da im Springsport heute aber auch Schnelligkeit verlangt wird, ist die 1. Kreuzungsgeneration Vollblut/Warmblut manchmal noch etwas zu langsam, dann wird erneut Vollblut zugeführt. Diese Hunter bekommen mit dem hohen Vollblutanteil die gewünschte

Schnelligkeit, ergeben nicht nur gute Springpferde, sondern eignen sich auch besonders gut für den Military-Sport, die Vielseitigkeitsprüfung. Eine Kontrolle der Zucht erfolgt durch die 'Hunters Improvement and National Light Horse Breeding Society' und die 'Hunter Improvement Society of Ireland' in Irland. Eine Exterieurbeschreibung erübrigt sich, da kein einheitliches Rassebild besteht. Gewünschte Merkmale: großrahmiges, muskulöses Pferd von gedrungenem Bau mit breiter, geräumiger Brust und starken Gliedmaßen. Größe: wird unterschiedlich angegeben, etwa 160 cm und darüber. Farbe: alle Grundfarben. Einteilung in drei Gewichtsklassen, wobei sich das Gewicht nicht auf das Pferd, sondern auf den von ihm getragenen Reiter bezieht: Schwergewichts-Hunter, Mittelgewichts-Hunter, Leichtgewichts-Hunter. Siehe Abb. 21.

Hackney

Dieser auffallende Traber mit dem hohen Kniebug ist heute ein reines Schau-Pferd. Seine Ahnen, die Norfolk-Trotter, wurden schon vor Jahrhunderten von den Farmern der Grafschaften Yorkshire und Norfolk ihres außerordentlich schnellen und ausdauernden Trabens wegen als Reit-und Wagenpferde hoch eingeschätzt. 1883 gründete man in Norwich eine 'Gesellschaft zur Veröffentlichung eines Stutbuches für den englischen Traber' und gab diesem Pferd den Namen 'Hackney'. Dieser Hackney, in dessen Adern Vollblut, spanisches und arabisches Blut floß, entwickelte sich zum repräsentativen Kutschpferd der Jahrhundertwende. Die Blütezeit der Hackneyzucht währte bis zum Ersten Weltkrieg. Als wieder normale Zeiten herrschten, mußte das Kutschpferd seine dominierende Rolle an das Auto abgeben. Das war für den Hackney beinah ein vernichtender Schlag. Dabei hatten Hackney-Hengste ihre Meriten auch als gute Vererber bewiesen, der Hackney besitzt nämlich ein sehr gutes Springvermögen. So hatte zum Beispiel die Olympiasiegerin 1936 'Tora' einen Hackneyhengst zum Vater. Wenn es nicht immer noch Menschen gäbe, die ihr Herz an diese Pferde hängen, so wäre der Hackney wohl schon verschwunden.

Exterieur:
Großer, aber trotzdem edler Kopf, manchmal etwas Ramsnase, mäßig langer, muskulöser Hals, hoher Widerrist, kräftiger Rücken, meist steile Schulter, gerade, manchmal leicht abfallende Kruppe, kräftige Gliedmaßen, kurze Röhren, leicht schräge Fesseln, feste, runde Hufe. Auf einen schön getragenen Schweif wird Wert gelegt. Farbe: Braune aller Schattierungen, Füchse, Rappen, auffallende weiße Abzeichen erwünscht. Größe: 150 cm bis 160 cm. Charakter: sehr temperamentvoll. Verwendung: Wagenpferd mit extrem hohem Kniebug und steppender Trabaktion. Siehe Abb. 23. Der 'kleine Bruder' Zwerg-Hackney wird bei den Ponys vorgestellt.

Cob

Als ich einer sehr pferde-erfahrenen Bekannten das Foto eines Cob-Hengstes zeigte, fragte sie erstaunt: 'Was ist ein Cob?'. Ihre Frage war insofern berechtigt, als der Cob keine eigenständige Rasse ist, so wenig wie der Hunter, trotzdem aber eine große Rolle in der Zucht spielt. Und darum scheint es mir nötig, 'den' Cob zu erwähnen und eine Erklärung diese Begriffes zu geben.
Der Cob soll alles haben, was man von guten Reit-, Spring- und Wagenpferden erwartet, dabei nicht über höchstens 155 cm Stockmaß hinauswachsen und mit besten Charaktereigenschaften ausgestattet sein. Er muß schwergewichtige Reiter über Hindernisse tragen können, als Reitpferd einen flachen, raumgreifenden Gang haben und als Wagenpferd an den hohen Kniebug des Hackney herankommen. Das alles wird durch entsprechende Kreuzungen z.B. von kräftigen Ponystuten mit Vollbluthengsten erreicht. Seine geringe Größe macht den Cob zu einem sowohl für ältere als auch sehr junge Reiter geeigneten Pferd.
Exterieur:
Ein kurzbeiniges, kräftiges Pferd, manchmal etwas derb wirkend, mit sehr gut bemuskelter, runder Kruppe, Schulter soll lang und schräg sein, der Hals ist meist sehr stark, die Brust breit. Die Idealgröße liegt bei 150 cm. Cobs sind hervorragende Freizeitpfer-

de, weil sie vom Pony die Robustheit, vom Großpferd den Nerv mitbringen können und dazu einen liebenswürdigen Charakter haben. Über den einzigen zuchtmäßig gefestigten Cob, den Welsh Cob, wird bei den Ponys berichtet.

Irish Draught Horse

Wie in England den Cleveland Bay, so braucht man in Irland das Draught Horse, um die weltberühmten Hunter zu produzieren. Das *Draught Horse* – was schlicht 'Zugpferd' bedeutet – ist eine sehr alte und außerdem die einzige bodenständige Großpferdrasse Irlands. (Da der Hunter ja keine 'Rasse' ist.) Das robuste und dabei zum Springen talentierte, im Typ hart an der Grenze zum Kaltblut stehende Warmblutpferd geriet in seiner langen Rassegeschichte einigemal an den Rand des Abgrunds. Im Ersten Weltkrieg mußte die Rasse, die für die Artilleriebespannung sehr begehrt war, einen hohen Blutzoll entrichten. Dem zweiten, noch weitaus gefährlicheren Aderlaß war das Draught Horse ausgesetzt, als die nach dem 2. Weltkrieg rasch zunehmende Motorisierung auch in der Landwirtschaft ein 'Zugpferd' überflüssig zu machen schien. Starben die Artilleriepferde zwischen 1914 und 1918 auf den *Schlachtfeldern* des Kontinents, so wurden sie nun in die *Schlachthöfe* geschickt. Der Endeffekt war für den Draught der gleiche. Ein Landwirtschaftsminister erkannte die Gefahr, daß der Hunterzucht hier sozusagen der Mutterboden unter den Füßen weggezogen wurde, er stoppte den Export, und seit 1965 ist in Irland jeder Pferdeexport zu Schlachtzwecken verboten.
Die zu Ende des vorigen und Beginn des jetzigen Jahrhunderts eingekreuzten Kaltblüter hatten sich auch nicht zum besten ausgewirkt. So wurden in das 1917 eingerichtete Stutbuch nur solche Draughts eingetragen, die keine Kaltblutmerkmale aufwiesen, und damit der Kaltbluteinschlag wieder verdrängt. Heute werden die zur Hunterzucht geeigneten Stuten amtlich nominiert und können von registrierten Bluthengsten gegen eine geringe Gebühr gedeckt werden: der 'Mutterboden' des Irischen Hunters ist gesichert.

Exterieur:
Kompaktes, tiefes, muskulöses Warmblutpferd. Großer, trotzdem hübscher Kopf, langer Hals, lange, schräge Schulter. Hoher Widerrist, langer Rücken mit leicht abfallender Kruppe. Kräftige Gliedmaßen mit trockenen Sehnen und gut ausgeprägten Gelenken. Leichter Kötenbehang kommt vor. Größe: bis 170 cm Stockmaß. Farbe: Füchse, Braune, Schimmel. Verwendung: immer noch bestes Zug-und Wirtschaftspferd mit energischen Gängen und für ein Pferd dieses Kalibers leichten Bewegungen, gute Springanlage. Unentbehrlich für die Hunterzucht. Wird nur in Irland gezüchtet. Siehe Abb. 24.

FRANKREICH

Anglo-Normänner

Nimmt man Anglo-Araber und Traber aus, die zwar beide mit Erfolg auch in Frankreich gezüchtet werden, aber keine französischen Rassen im engsten Sinn sind, bleibt als Warmblutpferd französischer Prägung der *Anglo-Normanne* übrig.
Ob es stimmt, daß die Wurzeln der Rasse bis zu der Zeit der Mauren und einer armorikanischen Rasse zurückreichen, läßt sich nicht mit Sicherheit nachweisen. 'Armorika' ist die lateinische Bezeichnung für ein Gebiet, zu dem die Bretagne, die Vendée und die westliche Normandie gehören. Die von Skandinavien kommenden Normannen setzten sich 911 an der Westküste Frankreichs fest. Nach einer langen Blütezeit erlebte die Zucht der 'Race Normande' durch wahllose Einkreuzung von Fremdblut einen Niedergang, der fast den Untergang der normannischen Pferde gebracht hätte. Frankreich befand sich zu jener Zeit ja allein rund 100 Jahre im Krieg mit England, die ständigen Remontierungen ließen den Pferdebestand nahezu ausbluten. Erst von 1830 an begann eine Regeneration. Man führte aus England Vollblüter und Halbblüter ein, unter anderen den Norfolk-Trotter 'Young Rattler'. Mit ihm begann die eigentli-

che Geschichte des Anglo-Normänners. Gleichzeitig wurden Leistungsprüfungen im Trab für die zur Zucht bestimmten Pferde eingeführt. Ab 1860 gilt der Anglo-Normanne als gefestigte Rasse. Der Anglo-Normanne war um die Jahrhundertwende als schnelltrabender Karossier, als Renntraber und auch als Wirtschaftspferd sehr begehrt. Der Traber wurde dann als 'Trotteur Français' sozusagen selbständig, das Kutsch- und Wirtschaftspferd entwickelte sich zu einem Sportpferd von hohen Graden. Französische Turnierreiter glänzten mit Anglo-Normannen auf vielen Turnieren. Bisheriger Höhepunkt war der Olympiasieg von Pierre J. d' Oriola auf dem Anglo-Normannen 'Lutteur' in Tokio. Aber die Rasse erwies sich auch für andere Warmblutrassen als wertvoll, sie stellte vorzügliche Vererber, die die Warmblutzuchten in Deutschland (Oldenburg, Württemberg, Holstein), Schweiz (Einsiedler, Freiberger), Schweden und Holland stark beeinflußten und noch beeinflussen. Nicht zu vergessen Ungarn; der Anglo-Normänner 'Nonius' hat dort einer ganzen Rasse seinen Namen gegeben.
Hauptzuchtgebiet ist die Normandie mit den Gestüten 'Le Pin' und 'Saint-Lô' im Departement Manche.
Exterieur:
Mittelgroßer Kopf, manchmal leichte Ramsnase, verhältnismäßig große Ohren, langer, muskulöser Hals, gut entwickelter Widerrist, lange, schräge Schulter. Verhältnismäßig langer Rücken, manchmal etwas weich, muskulöse, wenig abfallende Kruppe. Kräftige Gliedmaßen mit klaren Gelenken. Feste, manchmal etwas breite Hufe. Der Anglo-Normanne wird seit 1967 offiziell 'Selle Français' genannt (Französisches Reitpferd). Außer diesem Sportpferdtyp wird in geringer Zahl auch noch der Cob-Typ als mittelschweres, aber gängiges Wagen- und Wirtschaftspferd gezüchtet. Größe: bis 165 cm Stockmaß; Cob etwa 10 cm kleiner. Farbe: überwiegend Braune und Füchse. Besonders zu beachten ist die Spätreife der Anglo-Normänner, das bedeutet, sie sind erst mit 6-7 Jahren voll belastbar. Charakter: lebhaft, aber gutartig, mit dem Temperament ausgestattet, das ein gutes Sportpferd haben muß. Siehe Abb. 25.

Das *Crin Blanc* zieht viele begeisterte Touristen in jene provenzalische Landschaft, nach der es genannt wird, die Camargue.
In dem morastigen Mündungsgebiet der Rhône, das mehr als 7000 km^2 umfaßt, leben außer zahllosen Mücken und vielen Vogelarten halbwilde kleinwüchsige, schwarze Rinder, von berittenen Hirten bewacht. Zu dieser nicht ganz ungefährlichen Hütearbeit werden entsprechende Pferde gebraucht, sie sind in den ebenfalls halbwild lebenden, unverwüstlichen kleinen Pferden der Camargue sozusagen 'griffbereit' vorhanden. Die Hirten fangen sich aus der Pferdeschar heraus, was sie brauchen. Um die anderen kümmert man sich kaum, sie bleiben weitgehend sich selbst überlassen. Das Camargue-Pferd ist keine Schönheit, von Ausnahmen mit recht edlen Köpfen abgesehen. Aber es besitzt die wachen Instinkte des fast noch wild lebenden Pferdes, hat ein schnelles Reaktionsvermögen, was bei der Unberechenbarkeit der Stiere unbedingt nötig ist, es springt gut und sicher, was in dem unübersichtlichen Sumpfgelände ebenfalls sehr wichtig ist, und hat bei allem Temperament einen gutartigen Charakter. So lag es nahe, den vielen Naturfreunden, die alljährlich das sehenswerte Tierreservat im Süden Frankreichs besichtigen, einen Ritt auf den nur ponygroßen Camargue-Pferden anzubieten und damit das Interesse von Freizeitreitern auf diese Pferde zu lenken.
Das Crin Blanc soll von dem in der Altsteinzeit lebenden Solutrépferd abstammen. Orientalisches Blut, Berber und iberische Rassen sind eingekreuzt worden, Die Bezeichnung Crin Blanc (Crin = Roßhaar, Mähnenhaar; blanc = weiß) deutet darauf hin, daß es sich bei den Pferden ganz überwiegend um Schimmel handelt, selten kommen Füchse vor. Es besteht eine Zuchtorganisation, die Aufzucht erfolgt in halbwilden Herden (Manades) von je 40 bis 50 Tieren.
Exterieur:
Schwerer, oft ramsnasiger, selten edler Kopf, große Ohren, große, aufmerksam und klug blickende Augen. Kurzer, gerader Hals, häufig Hirschhals, flache, breite Brust, wenig Widerrist, muskulöser

kräftiger Rücken, schmale, kurze, manchmal abfallende Kruppe. Trockne Gliedmaßen mit guten Gelenken und starken, gesunden Hufen. Sehr üppiges Mähnen-und Schweifhaar. Größe: 145 cm Stockmaß, selten mehr. Farbe: ganz überwiegend Schimmel, wenig Füchse. Verwendung: ausdauerndes, hartes Gebrauchspferd für den Spezialeinsatz als Hirtenpferd. Geduldiges, wenn auch durchaus temperamentvolles Reitpferd für Erwachsene und Jugendliche. Zuchtgebiet: Rhône-Delta, Südfrankreich. Siehe Abb. 29.

ÖSTERREICH

Lipizzaner

Jeder, der sich nur ein bißchen für Pferde interessiert, wird bei dem Stichwort 'Österreich' automatisch an die vierbeinigen Künstler der Spanischen Hofreitschule in Wien, die Lipizzaner, denken. Zwar werden in Österreich auch Kaltblüter (Noriker) und Ponys (Haflinger) neben manchen eingeführten Pferderassen gezüchtet, aber 'die' österreichische Pferderasse aus den glanzvollen Zeiten der Donau-Monarchie ist der *Lipizzaner*.

Erzherzog Karl von Österreich gründete 1580 das im Karst nahe Triest gelegene Gestüt Lipizza. Den Stamm bildeten fünf Hengste aus spanisch-italienischem Blut, denen sich später ein reinblütiger Araber zugesellte. Die noch heute bestehenden, nach ihren Begründern benannten Stämme heißen: *Neapolitano -Conversano -Favory -Maestoso -Pluto -Siglavy*. Ihre Herkunft verteilt sich so: Conversano und Neapolitano kommen aus Italien. Aus dem Kaiserlichen Hofgestüt Kladrub bei Pardubitz kamen Maestoso, Favory und der Original-Araber Siglavy. Pluto stammte aus dem Dänischen Hofgestüt Frederiksborg, war aber auch spanisch-italienischer Abkunft. Von Frederiksborg kam dann noch eine Stute, deren Stamm ebenfalls bis auf den heutigen Tag erhalten geblieben ist, sie hieß *Deflorata*.

Bis auf den Siglavy-Stamm haben alle Lipizzaner den hohen Kniebug, der sie für die Hohe Schule prädestiniert.
Das Stammgestüt Lipizza wechselte in dem mehrfach geteilten und verteilten Landstrich ebenso oft den Besitzer: nach dem Zerfall der Donaumonarchie gehörte es erst zu Italien und ist nun jugoslawisch. Die Pferde, die den Namen des Gestüts tragen, wurden nach Piber in der Steiermark umgesiedelt. Dort werden die Lipizzaner – nachdem sie als Folge des zweiten Weltkriegs fast vernichtet worden wären – alter Tradition gemäß gezüchtet. Die besten Hengste gehen vierjährig an die Hofreitschule nach Wien zur Ausbildung, um später zum Teil als Deckhengste zum Gestüt zurückzukehren. Die Ausbildung der Hengste ist langwierig und erfolgt schonend, denn der Lipizzaner gehört zu den spätreifen und langlebigen Rassen. Auch die Stuten, die zur Zucht im Gestüt bleiben, kommen mit 3 1/2 Jahren in eine Ausbildungsabteilung. Nur die Stuten, die sich hier bewähren, werden der Mutterstutenherde zugeteilt. Überzählige Stuten werden verkauft, ebenso kastrierte Hengste (Wallache). Dank ihres noblen Wesens sind Lipizzaner begehrte Freizeitpferde, die Nachfrage ist größer als das Angebot.
Exterieur:
Ziemlich schwerer, aber sehr edler Kopf, manchmal ramsnasig. Kleine Ohren, große, lebhaft blickende Augen. Hoch angesetzter, kräftiger, mittellanger Hals, häufig steile Schulter, breite Brust, Widerrist wenig ausgeprägt, langer, manchmal etwas weicher Rücken, gut gerundete, muskulöse Kruppe, hoch angesetzter, schön getragener Schweif. Feine, trockne Gliedmaßen mit klaren Sehnen und ausdrucksvollen Gelenken, kleine, feste Hufe. Größe: bis 155 cm Stockmaß, selten größer. Farbe: überwiegend Schimmel, die dunkel geboren werden. Wenig Braune und Rappen. Verwendung: Spezialrasse für die Hohe Schule, sehr gutes Wagenpferd. Für den, der Pferde mit hoher Knieaktion reiten mag, sehr gutes Reitpferd. In den Nachzuchtgebieten Jugoslawien und Ungarn beliebtes Wirtschaftspferd. Für ein Pferd dieser Größe anspruchslos und hart, sehr spätreif und langlebig. Zuchtgebiete: Österreich, Ungarn, Jugoslawien. Siehe Abb. 26, 43.

Nonius

In den osteuropäischen Ländern spielen Pferde auch heute noch eine Rolle in der Landwirtschaft, und die Pferdezucht hatte dort stets und hat noch immer große wirtschaftliche Bedeutung. Ungarn züchtet seit Jahrhunderten hervorragende Pferde, durch die Türkenkriege waren orientalische Pferde, Araber und Syrer, in großen Mengen ins Land gekommen. So waren es auch anfangs Vollblut-Araber, die in den damals noch zur Donau-Monarchie gehörenden Gestüten Mezöhegyes und Bábolna gezüchtet wurden, Anglo-Araber und Lipizzaner kamen hinzu. Aber als eine speziell in Ungarn 'entwickelte' Warmblutrasse ist nur der *Nonius* zu nennen. Der Anglo-Normanne 'Nonius', der der Rasse den Namen gab, wurde als Beutepferd 1814 von ungarischen Kavalleristen mit nach Ungarn gebracht. Er erwies sich, mit verschiedenen Stuten gekreuzt, als so durchschlagender Vererber, daß er der Gründer einer neuen Rasse wurde. Da seine Nachkommen ungewöhnlich ausgeglichen waren, erkannte man den 'Nonius' 1840 als eigenständige, gefestigte Rasse an. Der Nonius führte sich auch in den Nachbarländern, so in Jugoslawien, sehr gut ein und wird bis zum heutigen Tag in Ungarn, Jugoslawien und Österreich gezüchtet. Es gibt den 'großen' und den 'kleinen' Nonius. Der große Nonius mißt bis zu 160 cm Stockmaß. Bei ihm kommt das in früherer Zeit eingekreuzte spanische Blut zum Vorschein, er ist ein Karossiertyp, oft mit Ramskopf, spätreif, ein sehr gutes Zugpferd. Der kleine Nonius ist nur etwa 150 cm Stockmaß groß, ein Allroundpferd zum Reiten und Fahren.

Exterieur:

Kleiner, trockner Kopf, bei dem großem Typ oft Ramskopf, gut aufgesetzter, langer, kräftiger Hals, gut gelagerte, schräge Schulter, langer Rücken, der manchmal etwas weich ist, kurze, etwas schmale Kruppe. Sehr stämmige, gut bemuskelte Beine mit kräftigen Sehnen und Gelenken, manchmal etwas schwach gefesselt, mittelgroße Hufe. Größe: Typ *Großer Nonius* 155 cm bis 160 cm Stockmaß, Typ

Kleiner Nonius 145 cm bis 150 cm Stockmaß. Farbe: überwiegend Rappen und Braune. Verwendung: Reit- und Kutschpferd, auch für landwirtschaftliche Arbeit zu nutzen, gutes Temperament, gute Gänge und gute Veranlagung zum Springen. Siehe Abb. 27.

POLEN

Polen ist seit altersher ein Pferdeland. Und trotzdem kann man außer dem *Konik* (s.d. unter 'Ponys') keine Rasse als eigentlich 'polnische' bezeichnen. Es gibt heute zwei große Warmblut-Zuchtgebiete. Das eine ist das *Malopolska-Gebiet* mit 630.000 Pferden. In dem Malopolska-Gebiet werden arabische Halbblüter aus Shagya- und Furioso-Blutlinien gezüchtet, Gidran (Vollblut-Araber), Anglo-Araber und Kreuzungen daraus. 320 Hengste in staatlichem Besitz sind in vier Landgestüten stationiert, hinzu kommen 670 Hengste in Privatbesitz.
Nach 1945 entstand unter der Bezeichnung *Wielkopolska* ein weiteres und zugleich das größte Warmblut-Zuchtgebiet Polens. 1972 wurden 680.000 Pferde gezählt, die Hälfte davon Stuten. Zu den staatlichen Hauptgestüten gehören 1.200 Mutterstuten, 700 auf 6 Landgestüte verteilte Deckhengste, die durch 570 in Privatbesitz stehende Hengste ergänzt werden. Das Warmblutpferd dieser Gegend, *Wielkopolski* genannt, ist ein Masure Trakehner Prägung, also ein schönes Reitpferd im großen Rahmen, das sich auch in der täglichen Arbeit auf dem Acker bewähren muß (Abb. 68, 69). Der edlere Reitpferdtyp war in den ersten Jahren nach dem Krieg verständlicherweise weniger gefragt, man brauchte ein Warmblutpferd, das hart arbeiten konnte. Aber der zunehmende Pferdesport machte eine Angleichung an den zu Sportzwecken gewünschten Typ nötig. Die dazu nötigen edlen Pferde hatte man, und so ist der *Wielkopolski* (Abb. 28) ebenso wie der leichtere Anglo-Araber aus dem Malopolska-Zuchtgebiet im Ausland sehr gefragt. Beide Rassen sind elegante Sportpferde mit gutem Gangwerk und Springvermögen; für alle Zwecke des großen Sports, ob nun Springen,

Dressur, Vielseitigkeit oder Fahren, gleich gut geeignete und begehrte Freizeitpferde. Die Rassenbeschreibung entspricht der des Anglo-Arabers und Trakehners.
Es ist sehr interessant, einmal ein paar Zahlen über den Pferdeexport aus Polen zu lesen. 1971 betrug der gesamte Export 7.750 Pferde, davon gingen nur 1.731 in die Bundesrepublik. 1973 gingen von 9.760 Pferden bereits 3.280 in die Bundesrepublik. 1974 erwartete man einen Export von weit über 10.000 Pferden – wohlgemerkt, an Sportpferden. Die polnischen Sportpferde haben viele Liebhaber unter den Freizeitreitern, die keinen Wert auf Turnierbeteiligung legen. Hier sind nämlich ausländischen Pferden Grenzen gesetzt.
Als Zuchthengst hat sich der Anglo-Araber 'Ramzes' einen großen Namen gemacht, er wurden 1947 im Gestüt Wojcieszkowo bei Lublin, also im Malopolska-Gebiet, geboren. Mit Holsteiner- und Westfalen-Stuten hat er hervorragenden Nachwuchs für den Springsport geliefert. Jedem an diesem Sport Interessierten sind Namen wie *Robin, Retina, Ramona* – um nur einige zu nennen – bestens in Erinnerung.
In beiden Zuchtgebieten wird die bäuerliche Pferdezucht nachdrücklich durch die überall eingerichteten Landgestüte beeinflußt. Aus den Bauernzuchten gehen viele Pferde in den Verkauf, aus ihnen rekrutieren sich die verhältnismäßig preisgünstig angebotenen Freizeitpferde, die zwar selten geritten, aber fast alle schon im Geschirr gegangen und dadurch straßensicher sind.

TSCHECHOSLOWAKEI

Kladruber

Schon 1572 wurde das Gestüt Kladrub, bei Pardubitz gelegen, von Kaiser Maximilian II. gegründet. Spanische Pferde bildeten den Stamm, später kamen italienische Hengste dazu. Als das Gestüt im Siebenjährigen Krieg völlig zerstört wurde, hatte man die Pferde vorher nach Ungarn in Sicherheit gebracht. Zwei Hengste, der

Schimmel 'Generale' und der Rapphengst 'Sacramoso', wurden dann die Stammväter der heute noch in Schimmel und Rappen eingeteilten *Kladruber*, die bevorzugte Kutschpferde des Kaiserhofes in Wien wurden. Es waren Riesenpferde, bis zu 185 cm groß, mit dem erhabenen Kniebug der spanischen Ahnen, pompöse Paradepferde mit zwar feurigem Temperament, aber dabei gutartig.
Karossiers von diesem gewaltigen Ausmaß finden heute kein rechtes Betätigungsfeld mehr, so bemühte man sich, den Kladruber Riesen etwas kleiner zu züchten. Das ist auch gelungen, und die Kladruber – immer noch streng in Schimmel und Rappen aufgeteilt – dienen der Verbesserung der tschechischen Landschläge. Zwei Kladruber Hengste kamen im 18. Jahrhundert in das Gründungsgestüt der Lipizzaner und wurden dort zu den Stammvätern der Maestoso- und Favory-Linien.
Exterieur:
Langer, großer Kopf mit Ramsnase, breiter Stirn und großen Augen. Starker, aufgerichteter Hals, kurzer Widerrist, langer, gerader Rücken, breite, kurze Kruppe. Die Schulter ist steil, doch gut bemuskelt. Die kräftigen Gliedmaßen sind ebenfalls sehr gut bemuskelt mit trocknen Sehnen und Gelenken. Sprunggelenk ziemlich steil, lange Fesselung, große, steile Hufe. Schweif hoch angesetzt und schön getragen. Größe: bis 180 cm, soll möglichst darunter liegen. Farbe: Schimmel (Generale-Linie), Rappen (Sacramoso-Linie). Verwendung: statiöses Kutschpferd, als Reitpferd für Dressur, aber nicht zum Springen geeignet. Wer einen Kladruber reiten will, muß Pferde mit hohem Kniebug und wenig raumgreifenden Gängen mögen. Zuchtgebiet: Tschechoslowakei, im Gestüt Kladrub Schimmelzucht, im Gestüt Slatinany Rappenzucht. Siehe Abb. 32.

Andalusier

Da jetzt viel von spanischem Blut die Rede war, ist es logisch, sich mit der Rasse zu beschäftigen, die den hohen Kniebug, den 'spanischen Schritt' in Vollendung beherrscht. Viele Pferdezuchten in der Welt haben einen mehr oder weniger starken Schuß Andalusierblut in ihren Adern, das gilt besonders auch für jene Rassen, die in erster Linie als Karossiers gezüchtet wurden.
Wenn auf ein Pferd die Attribute 'stolz' und 'statiös' angewendet werden können, dann auf den *Andalusier* – er wirkt wie sein eigenes Denkmal. In der Blütezeit des Dressurreitens oder besser des Reitens der Hohen Schule gehörte der Andalusier zu den begehrtesten Pferden der zivilisierten Welt Europas. An allen Fürstenhöfen war der 'Fürst unter den Pferden' vertreten, die Blütezeit der Rasse fällt in das 16. und 17. Jahrhundert. Wo in Europa edle Pferde gezüchtet wurden, waren Andalusier beteiligt. Ob Lipizzaner, Kladruber, Ostfriesen, Oldenburger, selbst Holsteiner und die berühmten russischen Orlowtraber: sie alle wurden nachdrücklich vom Andalusier beeinflußt. Erst die 'Kunstrasse' des Englischen Vollblüters lief dem Andalusier den Rang als veredelndes Element ab.
In seiner Heimat wird der Andalusier seit einigen hundert Jahren rein gezüchtet, und der Spanier ist auf seine 'pura raza español' ungeheuer stolz. Die Rasse hat außerhalb Spaniens an Bedeutung verloren, da man Sportpferde mit langen, raumgreifenden Bewegungen im Trab und einen ebenfalls raumgreifenden, fördernden Galoppsprung bevorzugt. Es wird aber immer Liebhaber für dieses Pferd aus sehr altem Pferde-Adel geben.
Exterieur:
Kleiner bis mittelgroßer Kopf, manchmal Ramsnase, kleine Ohren, große, lebhaft blickende Augen. Gut aufgesetzter, kräftiger Hals, niedriger, runder Widerrist, gedrungener Rumpf, runde Kruppe, Schweif niedrig angesetzt. Im Verhältnis zum gedrungenen Körper-

bau wirken die Gliedmaßen leicht. Größe: 155 cm bis 165 cm Stockmaß. Farbe: viel Schimmel, aber auch Rappen und Braune. Verwendung: zum Spazierenreiten für den, der nicht besonders schnell von der Stelle kommen will. Für Spezialzwecke der Hohen Schule. In seiner Heimat wird der Andalusier bei Stierkämpfen zu Pferd eingesetzt, was ein wendiges, kluges, mutiges und gut geschultes Tier verlangt. Zuchtgebiet: Andalusien, die Provinzen Sevilla, Cadiz, Medina-Sidonia. Siehe Abb. 30, 31.

SCHWEIZ

Einsiedler

Das Pferd mit dem eigenartigen Rassenamen ist tatsächlich ein Pferd der Mönche gewesen. Bereits Mitte des 11. Jahrhunderts fand die Pferdezucht der Benediktinermönche von der Abtei Einsiedeln im Kanton Schwyz Erwähnung. Zwischen dem 16. und 18. Jahrhundert erreichte die Zucht der 'Cavalli della Madonna' ihren Höhepunkt, um als Folge der napoleonischen Kriege fast ausgelöscht zu werden: die Pferde wurden als willkommene Beute weggeführt.
Der Wiederaufbau der Zucht gestaltete sich sehr mühsam. Die Mönche kauften auf, was an reingezüchteten Einsiedlern in der Umgebung noch vorhanden war. Gegen Ende des 19. Jahrhunderts wurde ein Yorkshire-Hengst aufgestellt, später zwei Anglo-Normänner und mehrere Hackneys. Vor allem die Anglo-Normänner setzten sich durch und beeinflußten die Zucht so, daß man den *Einsiedler* von heute als Allroundpferd vom Anglo-Normänner-Typ bezeichnen kann.
Exterieur:
Edler Kopf, lebhafte, aufmerksam blickende Augen, gut aufgesetzter Hals, tiefe Brust und kräftiger Rücken, leicht abfallende Kruppe, kräftiges Fundament, gesunde, harte Hufe. Größe: um 160 cm Stockmaß. Farbe: alle Grundfarben. Verwendung: Beliebtes Kaval-

leriepferd, gesuchtes Reitpferd, auch für Turnierzwecke, mit gutem Wesen. Ebenso sicher als Wagenpferd. Zuchtgebiet: Schweiz.

Freiberger

Der Freiberger ist die zweite Schweizer Rasse: es ist eigentlich erstaunlich, daß dieses verhältnismäßig kleine Land zwei bodenständige Pferderassen besitzt. Das *Jurapferd*, wie der *Freiberger* auch genannt wird, war einst *das* Postkutschenpferd der Schweiz. Mehrspännig zog es schnell und zuverlässig die schwerbeladenen Postkutschen über die schwierigen Alpenstrassen. Dazu waren nicht nur kräftige Pferde nötig, sondern auch besonders scheufreie, absolut zuverlässig im Zug auch in kritischen Situationen. Als die Eisenbahn ihren Siegeszug antrat, verlor der Freiberger seine Aufgabe als Postkutschenpferd, behielt aber seine Bedeutung als mittelschweres Pferd für die Landwirtschaft und als Militärpferd. Auch der Freiberger erlebte das übliche Auf und Nieder, das keiner Pferderasse im Laufe ihrer Geschichte erspart bleibt. Anfang unseres Jahrhunderts war der Freiberger durch die Zuführung von Englischem Vollblut den Bauern zu leicht geworden, nun wurde Kaltblut eingekreuzt. Dann richtete man die Zucht wieder nach den Wünschen der Armee aus, die ein kräftiges, aber nicht schwerfälliges Zugpferd brauchte. 1942 wurde ein Halbblut-Araber eingeführt, mit dem 'Shagya I' kam wieder eine etwas leichtere Linie in die Zucht. Der Freiberger von heute soll ein leichtes, gängiges Zugpferd sein, sowohl für die Landwirtschaft als auch für den Dienst in der Armee als Saumtier geeignet. Im übrigen ist der Freiberger noch in einer anderen Beziehung ein 'Zugpferd': die Jurapferde laufen frei herum, sie sind eine echte Touristen-Attraktion und haben auf allen Straßen in ihrem schweizer Zuchtgebiet 'Vorfahrt'.

Exterieur:

Im Verhältnis zum Körper leichter, feiner Kopf mit kleinen Ohren und aufmerksamen Augen. Mittellanger, gut angesetzter Hals, kräftiger Rücken, gut bemuskelte Kruppe, kräftige, kurze Gliedmaßen mit harten, gesunden Hufen. Größe: um 160 cm

Stockmaß. Farbe: alle Grundfarben. Verwendung: gängiges Zugpferd mit Wandlungstendenz zum Sportpferd. Zuchtgebiet: Schweiz, Hengstdepot Avenches/Jura. Siehe Abb. 33.

NIEDERLANDE

Niederländisches Warmblut

Mit viel Gespür für die 'Zeichen der Zeit' auf dem Pferdemarkt und großem Geschick haben es Hollands Pferdezüchter verstanden, ihre beiden schweren Warmblutrassen, *Groninger* und *Gelderländer*, durch entsprechende Zufuhr 'leichteren' Blutes in gängige Sportpferde umzuwandeln. Turniergrößen wie 'Rex the Robber' rückten Pferde aus Holland ins Blickfeld der Reiterwelt, Pferde, die im Typ Schwergewichtshuntern entsprechen, gewaltig springen können und immer noch, falls erwünscht, hervorragende Kutschpferde abgeben. Der Groninger alten Schlages ist dabei allerdings fast verschwunden, es besteht ja auch kaum noch Nachfrage für ausgesprochene Karossiers. Der durch Vollblut und Halbblut veredelte Groninger wurde wiederum bei den Gelderländern eingesetzt, um ein möglichst einheitliches Pferd im gewünschten Typ des vielseitig verwendbaren Sportpferdes zu bekommen. Der Gelderländer des alten Typs, den man auch noch findet, ist ein Wirtschaftspferd, für alle Arbeiten in der Landwirtschaft geeignet, ein ausgezeichnetes Wagenpferd, aber auch ein stabiles, gut gehendes Reitpferd. Typisch für ihn ist die Fuchsfarbe mit vielen weißen Abzeichen.
Wenn es auch heute noch die Bezeichnungen 'Groninger' und 'Gelderländer' gibt, so wird es vermutlich in einiger Zeit nur noch das 'Niederländische Warmblutpferd' geben, denn das ist die logische Konsequenz aus den erfolgreichen Bemühungen der Pferdezüchter Hollands, ein modernes Sportpferd zu züchten.
Exterieur:
Edler Kopf, starker, gut aufgesetzter Hals, gut ausgeprägter Widerrist, breiter, tiefer Rumpf, zwar leichter als der Urtyp, aber

immer noch mit viel Masse. Größe: 160 cm bis 170 cm Stockmaß. Farbe: viel Füchse, auch Schimmel und Braune. Verwendung: sehr gutes Sportpferd mit hervorragenden Gängen und Springvermögen. Sehr gutes Wagenpferd. Zuchtgebiet: Niederlande. Siehe Abb. 39.

SCHWEDEN

Schwedisches Warmblut

Schweden ist flächenmäßig ein großes Land, aber ein dünn bevölkertes. Um so erstaunlicher erscheinen die stolzen Erfolge der schwedischen Warmblutzucht. Auf den letzten vier Olympiaden war die schwedische Equipe ausschließlich auf Pferden eigener Zucht beritten. Und ein schwedisches Pferd, der Hengst 'Piaff', verhalf der deutschen Dressurreiterin L. Linsenhoff 1972 zur Goldmedaille.

Schon im vorigen Jahrhundert wurden Trakehner, Englisches Vollblut und Anglo-Araber zur Veredelung des in Schweden gezogenen Warmbluts angekauft, und zwar nur erstklassige Hengste. Auch Anglo-Normänner kreuzte man ein, also alles Rassen im besten Reitpferdtyp.

Vor etwa 300 Jahren wurde das Gestüt Flyinge bei Lund in der Landschaft Schonen gegründet. Aber damals experimentierte man viel, das ständige Hin und Her in der Zucht schadete mehr, als daß es etwas einbrachte. Ab Mitte des vorigen Jahrhunderts besann man sich auf eine einheitlich ausgerichtete Linie in der Zucht und führte 1874 ein Prämiensystem für das gesamte Zuchtmaterial ein. Das Gestüt Flyinge wurde 1888 aufgelöst, aber 1924 als Hengstdepot wieder eröffnet.

Qualitätvolle Hengste aus Hannover und beste Trakehner wurden auch nach dem 2. Weltkrieg eingeführt, so daß der Typ des Schwedischen Warmblüters als edles, leistungsfähiges Sportpferd noch mehr gefestigt wurde und ein reger Export nach anderen Ländern einsetzte.

Exterieur:
Edler, trockner Kopf, gut angesetzter Hals, gut markierter Widerrist, gut gelagerte, schräge Schulter, muskulöser Rücken, gut bemuskelte, ziemlich kurze Kruppe. Kräftiges Fundament mit korrekt gestellten Gliedmaßen, gute, harte Hufe. Ein sehr nobles, ansehnliches Pferd im besten Reitpferdtyp. Größe: bis 160 cm Stockmaß. Farbe: alle Farben, es kommen auch Falben und Schecken vor. Verwendung: Sportpferd für alle Zwecke, bestens für Dressur geeignet, auch sehr gutes Springvermögen. Ein Vielseitigkeitspferd mit sehr gutem Charakter, zuverlässig und hart. Zuchtgebiet; Süd- bis Mittelschweden. Hengstdepot Flyinge. Abb. 40.

Nordschwedisches Pferd

Diese solide alte Landrasse Schwedens steht im Kaliber zwischen leichtem Kaltblut und schwerem Warmblut. Es ist viel beweglicher, als Kaltblüter zu sein pflegen, aber für einen Warmblüter wiederum etwas schwer. Immerhin findet ein Spezialtyp des nordschwedischen Pferdes sogar bei ländlichen Trabrennen Verwendung.
Aber der Nordschwede muß harte Arbeit leisten – oder mußte es wenigstens, denn auch ihn ersetzen bei der Arbeit in den Wäldern mehr und mehr Maschinen. Wurde in früherer Zeit ebenfalls, was vielfach nicht gut für die Rasse war, mit Kreuzungen experimentiert, so wird seit Beginn dieses Jahrhunderts systematische Reinzucht betrieben. Die Hengste müssen sich seit 1930 einer Leistungsprüfung unterziehen und werden zur Zucht nur nach bestandener Prüfung zugelassen. Da die Hauptarbeit des Nordschwedischen Pferdes in der Zugleistung besteht, ist auch die Leistungsprüfung nur darauf ausgerichtet: Es müssen unter natürlichen Bedingungen Baumstämme aus dem Wald geschleppt werden, außerdem wird die Zugleistung an einem entsprechenden Gerät geprüft. Ein Zuchtbuch besteht seit 1924. Ob die zunehmende Motorisierung in den riesigen nordischen Wäldern diese solide Pferderasse bedroht, ist schwer zu sagen. Denkt man an Englands und Irlands Hunter, deren Basis ja ziemlich schwere, aber bewegliche ‘Landrassen’ sind, könnte hier vielleicht auch ein neuer Weg für das Nordschwedische

Pferd beschritten werden: die Produktion von Huntern 'made in Sweden' durch Kreuzung mit besten Vollblütern.
Exterieur:
Großer, aber dabei edler Kopf, starker Hals, muskulös, aber nicht plump wirkend, starkes, trocknes Fundament mit sehr gesunden Sehnen und Gelenken, starke Hufe, fast kein Kötenbehang. Größe: bis 156 cm Stockmaß. Farbe: überwiegend Braune und Rappen, selten Füchse und Falben. Verwendung: leistungsfähiges Zugpferd mit sehr gutem Schritt und für ein Pferd dieses Kalibers verblüffend leichtem, flotten Trabvermögen. Temperamentvoll, aber gutartig und zuverlässig. Sehr hart, ausdauernd und langlebig. Zuchtgebiet: Nordschweden, Hauptgestüt Wangen. Siehe Abb. 41.

NORWEGEN

Dølepferd

Ähnlich dem Nordschwedischen Pferd, zu dessen Ahnen es übrigens gehören soll, ist Norwegens Dølepferd ein schwerer Warmblüter oder ein leichter Kaltblüter, es kommt auf den Standpunkt an. Immerhin stellt diese Rasse die Hälfte der Pferde Norwegens, ist wesentlich flinker, als Kaltblüter zu sein pflegen, und geht einen so schnellen, munteren Trab, daß das Dølepferd wie sein schwedischer Nachbar auch als Traber eingesetzt wird. So verwunderlich ist es vielleicht nicht, wenn man hört, daß das Dølepferd aus Kreuzungen des alten, dem Fjordpferd ähnlichen Landschlag mit Englischem Vollblut und Frederiksborgern aus Dänemark entstanden ist. Zwar wurde dann später von der Landwirtschaft ein etwas schwererer Typ gezüchtet, und man züchtete dann den Arbeitstyp und den Trabertyp. Aber da die Nachfrage nach dem schweren Dølepferd aus bekannten Gründen sehr nachgelassen hat, hat nun wieder der flinke Døletraber die 'Vorfahrt'.
Exterieur:
Hübscher, edlen Ponys ähnlicher Kopf, kräftiger Hals mit langem,

dichtem Mähnenhaar, kräftiger Rücken, muskulöse, lange Kruppe. Kräftige, gut gestellte Gliedmaßen mit einwandfreien Hufen, starker Kötenbehang, üppiges Schweifhaar, ein harmonisch gebautes Pferd von Mittelgröße. Größe: 150 cm bis 157 cm Stockmaß. Farbe: fast nur Braune und Rappen. Verwendung: zugfestes Arbeitspferd, flinker, ausdauernder Traber, auch zum Reiten gut geeignet. Hart, genügsam und leichtfutterig. Zuchtgebiet: vor allem das Gudbrandsdal, nach dem es auch *Gudbrandsdaler* genannt wird. Siehe Abb. 42.

DÄNEMARK

Frederiksborger

Die Geschichte dieser einzigen bodenständigen dänischen Warmblutrasse ist bunt, von Höhen und Tiefen gekennzeichnet. 1562 wurde das Hofgestüt Frederiksborg bei Kopenhagen gegründet. Die damals so beliebten andalusischen und neapolitanischen Hengste bildeten den Stamm, und die Zucht erwies sich als äußerst erfolgreich. Nicht nur, daß der Frederiksborger Hengst 'Pluto' Mitbegründer der Lipizzaner war und die Stute 'Deflorata' aus Frederiksborg Begründerin einer Lipizzaner Mutterstutenlinie, kurioserweise soll sogar König Philipp II. von Spanien Frederiksborger Zuchthengste aus Dänemark für seine Reitpferdezucht nach Spanien geholt haben.

Die starke Nachfrage nach den statiösen Pferden, die sich vortrefflich für die im Barock so beliebte Hohe Schule eigneten, führte zu einer ziemlich wahllosen Vermehrung. Es wurden schließlich sogar qualitätvolle Zuchtpferde verkauft. Um die Mitte der vorigen Jahrhunderts führte der 'Ausverkauf' des Frederiksborgers zur Schließung des Gestüts, aber nicht zur völligen Vernichtung der Rasse. Private Züchter verwandelten den Frederiksborger Karossiertyp zum vielseitig verwendbaren Wirtschaftspferd, einem immer noch mit schönem Gang ausgezeichneten, starken Warmblü-

ter. Neuerdings bemüht man sich, dem allgemeinen Trend folgend, aus dem Frederiksborger ein modernes, also noch etwas leichteres Sportpferd zu machen, denn nur so wird er überleben.
Exterieur:
Kleiner, edler Kopf, Ramsnase häufig, schön aufgesetzter Hals, wenig markierter Widerrist, gut gelagerte Schulter, langer, oft etwas matter Rücken, lange, schräge Kruppe. Kräftige, trockne Gliedmaßen, gut geformte, kleine Hufe. Größe: 155 cm bis 160 cm Stockmaß, auch darüber. Farbe: überwiegend Füchse, selten andere Farben. Verwendung: energisch vorwärtsgehendes Wagen- und Reitpferd, temperamentvoll, aber gutartig. Zuchtgebiet: vor allem auf Seeland und Bornholm, aber auch im übrigen Dänemark. Die Zucht liegt ganz in bäuerlicher Hand. Siehe Abb. 46.
Eine aparte farbliche Variante des Frederiksborgers ist der *Knapstruper*, ein Tigerschimmel. Diese Sonderrasse war fast verschwunden, wird aber neuerdings wieder vermehrt gezüchtet, da die Nachfrage nach aparten Pferden steigt. Knapstruper Hengste, die ihre Farbe gut vererben, sind gesucht, denn die Fellzeichnung mit den kleinen, unregelmäßig verteilten runden Flecken wird keineswegs sicher vererbt. Im Exterieur entspricht der Knapstruper dem Frederiksborger. Siehe Abb. 45.

KALTBLUT

Lohnt es sich überhaupt noch, über Kaltblutrassen zu berichten? Das kann doch kaum mehr werden als eine Art vorweggenommener Nachruf, den man den Schwergewichtlern unter den Pferden widmet. Sind sie doch bereits ein Anachronismus, ‘nutzlos’, wenn man so will, vom Motor überholt (Abb. 66, 67). Man kann die Kaltblüter ja nicht einmal zum Freizeitpferd umfunktionieren. Ein paar finden noch im ‘Showgeschäft’ Arbeit als Reklamegespanne der Brauereien, als breitrückige Artistenpferde im Zirkus. Aber der Rest? Fleischlieferanten, so hart es klingt …

Trotzdem sollen einige der in ihrer Art ebenfalls schönen und edlen Kaltblüter gezeigt werden, und den Anfang macht eine Rasse, die meines Erachtens sehr wohl durch Einkreuzung passender Vollblüter in das Lager der Freizeitpferde hinübergerettet werden könnte. Es sind die bildschönen

Schwarzwälder Füchse

Vorväter der Schwarzwälder sollen *Noriker* (s.d.) gewesen sein, die durch Umwelteinflüsse kleiner und edler wurden. Schon im Mittelalter zogen die Handelswagen mit kostbarem Gut beladen von Italien bis an die Nordküsten Deutschlands – vierelang bespannt mit zugstarken, leistungsfähigen, willigen Pferden, zu denen auch die *Schwarzwälder* gehörten. Bei den Hengstschauen im Marbacher Gestüt kann man diese Vierergespanne in den alten, prachtvollen und kostbaren Originalgeschirren jener Zeit noch bewundern (Abb. 60). In Marbach stehen auch noch die herrlichen Schwarzwälder Hengste – ihre 'Dienste' als Beschäler werden immer seltener verlangt. Aber mit dieser im 'Cob-Typ' stehenden Kaltblutrasse *muß* sich etwas anfangen lassen, was dem heutigen Bedarf entspricht. Der Schwarzwälder ist gar nicht so sehr viel schwerer als der Haflinger, er brauchte nur um ein weniges leichter zu werden, und schon wäre ein neues Pferd von ausgezeichneten charakterlichen Qualitäten für den Freizeitreiter vorhanden.

Exterieur:

Kräftiger, aber edel wirkender Kopf mit kleinen Ohren. Kurzer, starker Hals, kräftiger, kurzer Rücken, breite, muskulöse, leicht abfallende Kruppe. Die Schulter ist steil, aber gut gelagert und kräftig bemuskelt. Korrekte, trockne Gliedmaßen mit klaren Sehnen und Gelenken, kurze, starke Fesseln mit wenig Kötenbehang, gesunde, gut geformte Hufe. Auffallend üppiges, hellfuchsfarbenes bis fast weißes Mähnen- und Schweifhaar. Größe: bis 150 cm Stockmaß. Farbe: Füchse in allen Schattierungen, am schönsten Dunkelfüchse mit weißem Mähnen- und Schweifhaar. Verwendung: Zugpferd mit flinken Bewegungen in Schritt und Trab, trittsicher, temperamentvoll, aber sehr gutartig und intelligent.

Genügsam. Zuchtgebiet: Hochschwarzwald, Haupt- und Landesgestüt Marbach a.d. Lauter. Siehe Abb. 55, 59, 60.

Süddeutsches Kaltblut

Für diesen Kaltblüter müssen gleich mehrere Bezeichnungen herhalten: man kann ihn mit gleichem Recht *Oberländer, Pinzgauer* und *Noriker* nennen, es ist jeweils das gleiche Pferd und wird nur nach seinem Zuchtgebiet so unterschiedlich genannt. Die Rasse ist das schwere Arbeitspferd der Alpenländer, ob es nun die bayerischen oder österreichischen Regionen sind. Es spielt auch heute noch eine Rolle als Zugpferd, und vorerst ist die Gefahr, es könnte vor dem Aussterben stehen, noch nicht ganz so groß wie bei allen anderen Kaltblütern. Natürlich wird auch der Oberländer und Noriker nicht mehr so dringend gebraucht, aber er geht noch fleißig im Geschirr, und wenn seine Arbeit nur darin besteht – gut gepflegt und schmuck –, in den Kurorten die Kutschen und Schlitten zu ziehen, sehr zur Freude der Kurgäste, die sich gern mit 1 oder 2 PS geruhsam durch die Gegend kutschieren lassen (Abb. 70). Natürlich stellen die Oberländer auch Brauerpferde, und im Zirkus sind vor allem die Noriker Tigerschecken beliebt, die man allerdings nur noch selten sieht.

Es handelt sich um eine sehr alte Pferderasse, die vielleicht auf das Pferd der römischen Provinz Noricum zurückgeführt werden kann. Auch in den Klöstern schätzte und züchtete man den Noriker, vor allem um Salzburg herum. Natürlich wurde auch fremdes Blut eingekreuzt, unter anderem Spanier und Neapolitaner, aber auch Clydesdale, Normänner, Oldenburger: ein buntes Gemisch. Seit Ende des vorigen Jahrhunderts wurde dann Reinzucht betrieben. Im bayerischen Oberland züchtete man den etwas leichteren *Oberländer,* im Chiemgau den um etwas schwereren *Pinzgauer,* in Österreich den *Noriker*. Erst vor knapp 25 Jahren vereinheitlichte man das Zuchtziel, machte der Namensvielfalt ein Ende, das *Süddeutsche Kaltblut* ist das Resultat. Dazu muß ich aber – leise schmunzelnd – bemerken, daß die Oberbayern weiterhin vom 'Oberländer' sprechen, ich habe noch von keinem, der diese Pferde vor seinem Wagen hatte, die Bezeichnung 'Süddeutsches Kaltblut' gehört; genauso heißt in Österreich der Noriker natürlich weiterhin – 'Noriker'.

Exterieur:

Schwerer, keilförmiger Kopf, oft Ramsnase, kurzer, starker Hals, flacher Widerrist, breiter, ziemlich langer Rücken, breite, gespaltene, abfallende Kruppe. Massives Fundament, große Hufe, Kötenbehang. Dickes, leicht gewelltes Mähnen- und Schweifhaar, Größe: bis 165 cm Stockmaß. Farbe: überwiegend Braune und Füchse, selten Schimmel. Verwendung: ruhiges, gutmütiges Zugpferd mit langem Schritt und gemächlichem Trab. Zuchtgebiet: Oberbayern, Alpenvorland. Für Noriker: Kärnten, Steiermark und andere Gebiete. Siehe Abb. 56, 70.

Rheinisch-Deutsches Kaltblut

Das stabile, dabei formschöne Kaltblutpferd wurde erst nur im Rheinland gezüchtet, dort sah man es mit bedächtig-freiem Schritt vor den hochbeladenen Karren der Weinbauern gehen, es tat seine Arbeit auf dem Acker und überall, wo ein starkes, williges Zugpferd gebraucht wurde. Die Zucht basierte auf dem wohlbekannten Belgischen Kaltblut, dem der Rheinländer ja auch täuschend ähnlich sieht. Schon 1835 wurde in Wickrath ein rheinisches Landgestüt gegründet, das 1960 aufgelöst worden ist. Ein Rheinisches Pferdestammbuch gibt es seit 1892. Die Zucht wurde dann nahezu unabhängig von der Einfuhr weiteren Zuchtmaterials. Wenn man bedenkt, daß noch vor etwa 40 Jahren die Kaltblüter vom Rhein rund 50% des *gesamten* Pferdebestands in Deutschland stellten, kann man sich erst ein Bild vom Wert dieser Kolosse machen. Es ist müßig, immer wieder das gleiche Klagelied anzustimmen, Kaltblüter sind tatsächlich zu einem Anachronismus geworden. So ist auch der prachtvolle Rheinländer nur noch ein 'Show-Pferd' ohne wirtschaftliche Bedeutung.

Exterieur:

Schwerer, breiter Kopf, die Augen haben einen ausgesprochen

gutmütigen Ausdruck. Der breite, starke Hals ist gut angesetzt und hat eine sehr starke, oftmals doppelte Mähne. Mächtige Schulter, sehr breite Brust, kräftiger, breiter, kurzer Rücken, muskulöse, leicht abfallende, gespaltene Kruppe. Äußerst stabile, stark bemuskelte, kurze Gliedmaßen mit kräftigen Sehnen und Gelenken, gut gefesselt, gesunde Hufe, geringer Kötenbehang. Größe: 160 cm bis 165 cm Stockmaß, auch darüber. Farbe: überwiegend Braune, Braun-und Fuchsschimmel. Verwendung: wie die anderen Kaltblüter. Bei aller Wuchtigkeit hat der Rheinländer einen freien Schritt und kann flott traben. Zuchtgebiet: Rheinland, Westfalen (Landgestüt Warendorf); wird auch in der Deutschen Demokratischen Republik gezüchtet. Siehe Abb. 57.

Schleswiger Kaltblut

Auf dem Turnier in Neumünster 1967 trabte in den Pausen vor der Schleppe, die den Parcours wieder glättet, ein prachtvolles Kaltblut-Fuchsgespann in die Arena. Der Sprecher machte extra darauf aufmerksam, daß diese schönen Schleswiger Stuten bei ihrem Züchter noch jede landwirtschaftliche Arbeit leisteten, was erheblich Beifall auslöste: so weit ist es also, daß ein Kaltblutgespann wie ein Stück Vergangenheit gerührt beklatscht werden muß.
Der Schleswiger ist stammverwandt mit dem Jütländer Kaltblut und war durch Zufuhr leichteren Blutes im vorigen Jahrhundert (Yorkshire, sogar Vollbluthengste) schon fast ein schwerer Warmblüter geworden. Aber 1891 wurde der ‘Verband Schleswiger Kaltblutzüchter’ gegründet mit dem Ziel, ein mittelschweres, für alle Arbeit taugliches Arbeitspferd zu züchten. Nach dem 2. Weltkrieg wurden französische Kaltbluthengste angekauft, ein Boulonnais und ein Bretone. Vielleicht hätte man besser getan, an die Zufuhr leichterer Rassen zu denken, denn der mittelschwere *Schleswiger* steht wie alle anderen Kaltblüter auf der Liste der aussterbenden Rassen. Und bei den vielen vorzüglichen Sportpferdrassen, die wir haben, ist es natürlich die Frage, ob die Umzüchtung zum schweren Hunter noch sinnvoll wäre.

Exterieur:
Mäßig langer, durchaus hübscher Kopf mit breiter Stirn. Gut angesetzter, mittellanger Hals, breite Brust, kurzer, kräftiger Rücken, abgeschlagene Kruppe, tiefer Schweifansatz. Gut bemuskelte, korrekt gestellte, kurze Gliedmaßen, unterschiedlich starker Kötenbehang, gesunde, manchmal etwas flache Hufe. Größe: um 160 cm Stockmaß. Farbe: überwiegend Füchse, Braune, durch die Boulonnais-Einkreuzung selten auch Schimmel. Verwendung: für alle Zwecke eines zugstarken Arbeitspferdes mit langem Schritt und guter Trabaktion. Bei lebhaftem Wesen gutartig und zuverlässig. Zuchtgebiet: Schleswig-Holstein. Siehe Abb. 61.

Boulonnais

Wenn man einer Kaltblutrasse das Attribut 'elegant' zugestehen kann, dann dem Boulonnaiser. Dieser stabile, schöne Bursche kann seine arabischen Ahnen nicht verleugnen, er ist bei aller Masse temperamentvoll, sehr beweglich und eben ganz einfach schön. Aber seine ganzen Vorzüge retten ihn nicht vor der Tatsache, daß auch er im Grunde genommen heute 'überflüssig' ist und seine Zucht nur noch der Schlachtfohlenproduktion gilt. Es war eine Pracht, wenn man früher die herrlichen Boulonnais-Gespanne traf: einzeln oder zu zweit voreinander wurden sie vor große, schwere, nur zweirädrige Karren gespannt. Lediglich ein einseitiger Zügel lief zum Kopf des Vorderpferdes, die Pferde wurden fast nur durch Zuruf gelenkt. Der französische Bauer, bei dem mein Mann als Kriegsgefangener arbeitete, hatte nicht weniger als fünf Boulonnais-Hengste im Stall, alles Schimmel. Ist es tatsächlich schon ein Nachruf, wenn man diese schönen Pferde vorstellt?
Exterieur:
Sehr kleiner, edler Kopf mit breiter Stirn, lebhaften, großen Augen, kleinen Ohren. Mächtiger, aufgewölbter Hals, hoher, muskulöser Widerrist, steile, kurze Schulter, breite, tiefe Brust. Kurzer Rücken, oft leicht eingesenkt, breite, gespaltene Kruppe. Kurze, im Verhältnis zum Körper leicht wirkende Beine mit starken Gelenken, kleine,

feste Hufe. Größe: 155 cm bis 160 cm Stockmaß. Farbe: überwiegend Schimmel, Füchse und Braune kommen vor. Verwendung: hervorragendes, gängiges Arbeitspferd für jede Zugleistung, temperamentvoll, gutartig. Zuchtgebiet: Frankreich, Boulogne, Picardie, Flandern und andere Landschaften. Siehe Abb. 62.

Percheron

Mit diesem Pferd besitzt Frankreich den zweiten 'eleganten' Kaltblüter mit orientalischem Einschlag. Der Percheron ist dem Boulonnais (Abb. 62) zum Verwechseln ähnlich: ein schöner Kaltblüter mit viel Gang und Temperament, der in zahlreiche Länder exportiert wurde. Wie bei allen anderen Kaltblutrassen ist auch beim Percheron die Zukunftsprognose nicht sehr rosig, die Zeit überrollt einfach die vierbeinigen Schwergewichtler. Allerdings gehört der Percheron zu einem Kaltblut-Typ, der, mit Vollblut gekreuzt, die immer noch gefragten Schwergewichts-Hunter ergibt. Hier, und wohl nur hier, liegt für einige Kaltblutrassen noch eine Zukunft. Gewiß werden auch immer noch einige ihr Brot vor dem Brauerwagen und im Zirkus verdienen, aber eine Pferdezucht braucht eine gewisse Basis, um funktionieren zu können, und so werden auch die meisten Percheronfohlen nur ein kurzes Leben haben. Traurig – aber die einzige Möglichkeit, um Kaltblutzuchten überhaupt noch wirtschaftlich vertretbar zu machen.

Exterieur:

Langgestreckter, edler Kopf mit breiter Stirn, großen, ausdrucksvollen Augen, tief angesetzten Ohren. Der mächtige, kurze Hals ist nach oben gewölbt. Flacher Widerrist, kräftiger, kurzer Rücken, gut bemuskelte, breite Kruppe, Schweif hoch angesetzt. Kräftige, gesunde Gliedmaßen, ziemlich kleine, feste Hufe, wenig Kötenbehang. Größe: bis 165 cm Stockmaß, selten darüber. Farbe: Eisengrau, Schimmel, Rappen. Verwendung: fleißiges, sehr bewegliches Pferd für schwerste Arbeit mit erstaunlich freiem Schritt und energischem, raumgreifenden Trab, sehr gutartig und gelehrig, daher als Zirkuspferd sehr beliebt, Zuchtgebiet: Frankreich, Gebiet von La Perche, Gestüt 'Le Pin' im Departement Orne. Nachzuchten in vielen Ländern, u.a. USA. Siehe Abb. 63.

Man könnte noch viele der vierbeinigen Kolosse zeigen und beschreiben. Immer wieder müßte am Schluß stehen, daß ihr Ende bevorsteht, oder daß sie zu reinen Fleischlieferanten werden, vielleicht schon geworden sind. Ein paar werden wohl überleben, solange die Brauereien noch Geld in ihre kraftstrotzenden Gespanne stecken, solange es noch Zirkusse gibt. Und in einigen Gegenden unserer Welt sind sie vielleicht noch eine Zeitlang tatsächlich als Arbeitspartner nötig, bis die Motorisierung auch noch den letzten Erdenwinkel erfaßt hat.

Aber zum Abschluß dieses Kapitels möchte ich doch einen Kaltblüter vorstellen, der tatsächlich im Begriff ist, ein Freizeitpferd im besten Sinn zu werden, ein Pferd zum Spazierenreiten, zum Spazierenfahren: so geht es also auch! Man kann im übrigen darüber streiten, ob man den *Friesen* – um ihn geht es – als 'leichten Kaltblüter' oder 'schweren Warmblüter' bezeichnen will. Offiziell wird er zum Kaltblut gerechnet – noch, denn auch ihm wird man wohl 'leichteres' Blut zuführen, um ihn dem Freizeitreiter noch begehrenswerter zu machen.

Friese

Knochenfunde aus prähistorischer Zeit beweisen, daß in Friesland schon vor Tausenden von Jahren ziemlich schwere Pferde vorhanden waren. Daß sie die Vorfahren der Friesen sind, läßt sich zwar vermuten, aber nicht mit Sicherheit behaupten. Der Friese, wie wir ihn noch heute kennen, ist das Produkt einheimischer Pferde, die mit den von den Spaniern im 16. Jahrhundert ins Land gebrachten orientalischen Rassen vermischt wurden. Ein recht elegantes Pferd mit hoher Trabaktion entstand. Als im 17. Jahrhundert Trabrennen eine Art Volkssport wurden, begann man, den Friesen systematisch zum 'Harddraver', zum schnellen Traber, umzuzüchten. Auch der Friese wurde dann von einem derart heftigen Niedergang der Rasse bedroht, daß er fast verschwunden wäre. Es gab 1910 nur noch drei

Beschäler im ganzen Land! Auch in diesem Fall fanden sich in letzter Minute Freunde der Rasse zusammen, ein neues Stutbuch wurde aufgelegt und der Wiederaufbau der Rasse mit Geschick und Engagement betrieben. Königin Juliana der Niederlande übernahm 1954 die Schirmherrschaft über die nun 'Königliche' Friesische Züchtergemeinschaft.

Immer noch kann der Friese seine spanischen Ahnen nicht verleugnen und trabt mit hoher Knieaktion. Ihn vor dem Wagen zu sehen, ist erfreulich. Er bewährt sich auch als braves Pferd zum Spazierenreiten, mit weichen Gängen; besonders für Reiter geeignet, die sich ihrer Größe und ihres Gewichts wegen nicht so gern auf ein Pony setzen.

Exterieur:

Mittellanger Kopf mit völlig gerader Profillinie, aufmerksam gespitzten Ohren, lebhaft blickenden Augen. Schön aufgesetzter, kräftiger Hals, ziemlich steile Schulter, kurzer Rücken, manchmal leicht eingesenkt, stark abfallende Kruppe, tiefer Schweifansatz. Kräftige, aber verhältnismäßig schlanke Gliedmaßen, harte Hufe, unterschiedlich starker Kötenbehang. Größe: um 160 cm Stockmaß. Farbe: nur Rappen ohne Abzeichen, ein kleiner Stern wird akzeptiert. Verwendung: durch sein überragendes Trabvermögen ein sehr schönes Wagenpferd, das auch angenehm unter dem Reiter geht. Ein gutartiges, fleißiges und langlebiges Pferd. Zuchtgebiet: Westfriesland. Siehe Abb. 64.

PONYS

Das klassische Land der Ponyzucht ist England nebst Schottland und Irland. Nicht weniger als neun bodenständige Rassen sind hier beheimatet. Auch in Osteuropa und den skandinavischen Ländern wußte man immer schon Arbeitsleistung, Zähigkeit und Anspruchslosigkeit der Pferde im Kleinformat zu schätzen.

Bei uns in Deutschland hingegen waren Ponys kaum mehr als freundlich belächeltes Kinderspielzeug oder niedliche Zirkusattraktion. Daß man mit Ponys richtig arbeiten kann, daß sie im Verhältnis zum Großpferd sehr viel mehr Leistung bringen, wußte kaum jemand. Und sagte man so etwas, erntete man ein ungläubiges Lächeln. Etwa fünf Jahre lang habe ich in meiner kleinen Selbstversorgerlandwirtschaft mit Ponys gearbeitet. Hart gearbeitet. Wie ich zugeben muß, anfangs gezwungenermaßen, weil man mir in der Nachkriegszeit für meine 10 Morgen Acker kein Großpferd zubilligte. Von einer etwa 155 cm großen Stute, die also etwas mehr als ponygroß war, bis zum 115 cm messenden Shetlandhengst reichte die Skala der kleinen Pferde, die ich erprobte. Unter anderem bekam ich mit zwei etwa 135 cm großen, sehr edlen Braunen – vermutlich *Bosniaken* – das schönste und schnellste Gespann in die Hand, das ich je gefahren habe, es war ein rundes Vergnügen, diese Tiere vor dem Wagen zu haben. Meine Einstellung zu Ponys aller Größen resultiert aus dieser Zeit und läßt sich auf einen kurzen Nenner bringen: ich habe größten Respekt vor ihnen.

Seit einigen Jahren haben Ponys endlich auch bei uns im Bewußtsein der Menschen als 'Pferde' Fuß gefaßt, man erkennt sie als sehr patente Freizeitpartner an. Es begann mit *Islandponys*, die vor der Schlachtbank gerettet werden sollten und häufig ebenso überstürzt wieder abgegeben werden mußten, wie man sie angeschafft hatte. Aber ein gewisser Prozentsatz an wahren Interessenten ist doch übriggeblieben, und darauf baute sich allmählich ein ständig wachsender Stamm von Ponyfreunden auf. Andere Ponyrassen wurden für den Freizeitsport entdeckt, und inzwischen werden so ziemlich alle Ponyrassen Großbritanniens und einige skandinavische bei uns gehalten und gezüchtet. Die im Verhältnis zum Großpferd wesentlich einfachere Haltung, der geringere Aufwand bei Pflege und Fütterung und nicht zuletzt die schmaleren Börsen eher gemäßen Anschaffungskosten haben manchen Pferdefreund vom Großpferd weg zum Pony gebracht oder überhaupt erst die Möglichkeit eines (Klein-)Pferdekaufs ins Auge fassen lassen. Auch für Erwachsene gibt es genug Ponyrassen, die zum Reiten groß genug sind. Und selbstverständlich kann man alle Ponys fahren. Gerade der noch sehr wenig beachtete *Fahrsport* könnte durch Ponys eine erhebliche Belebung erfahren, man müßte den Interessenten diese Sparte des Pferdesports nur näher bringen, müßte ihnen zeigen, wie reizvoll es ist, ein flottes Gespann zu kutschieren. Auch ältere Pferdefreunde, die – aus welchen Gründen auch immer – nicht mehr in den Sattel steigen mögen oder können, hätten hier eine Möglichkeit, sich intensiv mit Pferden zu beschäftigen. Ich kann aus eigener Erfahrung bestätigen, daß es wirklich ein Vergnügen ist, ein Ponygespann zu fahren. Vom kleinen Shetland bis zum Haflinger oder Norske Fjordpony eignen sich alle Rassen als Kutschpferde. Vielleicht trägt meine Laudatio für den Fahrsport dazu bei, den Ponys noch mehr Freunde zu gewinnen.

Shetlandpony

Das 'Shetty' ist die erste und war lange Zeit – nimmt man die Dülmener Ponys aus – die einzige Ponyrasse, die bei uns gezüchtet wurde. Die Pferdchen sollen seit mehr als 2000 Jahren auf den windzerzausten Shetlandinseln beheimatet sein. Aber niemand hat bisher mit letzter Sicherheit klären können, wie die kleinen Pferde dorthin gekommen sind, ob sie 'schon immer' so klein waren, oder ob ihr Zwergwuchs eine Folge der äußerst harten und kümmerlichen Lebensbedingungen auf den rauhen Inseln ist. Denkt man daran, daß auch Schafe und Hunde der Shetlandinseln ausgesprochen kleinwüchsig sind, liegt der Schluß nahe, daß von den vielleicht einmal eingeführten ponyartigen Pferden unter den vorhandenen Bedingungen nur die kleinsten genug Futter zum Überleben fanden und diese natürliche Auslese sie zur Zwergform schrumpfen ließ. Anspruchslos, hart und willig taten die Ponys ihren Dienst als Lastenträger bei den Fischern und Bauern, im übrigen im Kampf ums Dasein stets auf sich selbst angewiesen. Sie blieben das ganze Jahr im Freien, wurden dort geboren und starben dort. Ein Leben, in dem nur bestehen kann, was kerngesund ist.

Um die Mitte des vorigen Jahrhunderts wurde man in England auf die leistungsfähigen Zwerge aufmerksam, importierte sie in großen Mengen – natürlich nur die Besten und Kräftigsten – und setzte sie für den Rest ihres Lebens als Zugpferde in den Bergwerken unter der Erde ein. Da gute Preise erzielt wurden, erlitt die Zucht der Ponys auf den Inseln einen bedrohlichen Aderlaß, denn gute Preise wurden natürlich nur für beste Pferdchen gezahlt. Zum Glück fand sich, wie so oft, auch hier ein weitsichtiger Mann, der die Gefahr rechtzeitig erkannte. Lord Londonderry gründete 1870 auf den Shetlandinseln Noss und Bressay ein Gestüt, für das er nur die allerbesten Stuten und Hengste aussuchte. 1890 wurde ein Stutbuch gegründet.

Man hatte in England nun aber nicht nur den Wert der Zwergpferde für die Arbeit unter Tage entdeckt, sondern merkte auch schnell, daß die im allgemeinen gutartigen und sehr intelligenten Pferdchen hervorragende 'Erstpferde' für Kinder ergaben. So hatte die im wahrsten Sinn 'dunkle' Seite ihrer Verpflanzung von den rauhen Inseln auf die große Insel für die Shettys auch noch eine zweite, freundlichere. Unter Tage müssen sie heute ihr Leben nicht mehr verbringen, dank der Technik, aber als 'Kinderpferde' traten sie einen Siegeszug um die halbe Welt an.

Ungefähr 40.000 Shetland-Stuten sind in Großbritannien eingetragen, von denen einige hundert auf den Shetland- und Orkney-Inseln leben. Bei uns stellen die eingetragenen *Shettys* immer noch etwa ein Viertel von allen in der Bundesrepublik gezüchteten und eingetragenen Ponyrassen. Hinzu kommen die nicht zur Zucht benutzten Pferdchen, auch sie zählen nach Tausenden. Das Shetty steht also noch immer sehr hoch in der Gunst der Ponyfreunde, und niemand sollte die Zwerge geringachten. Mit diesem Bericht über die kleinste der Ponyrassen will ich zugleich meinem Shetlandhengst 'Billy' ein Denkmal setzen. Er war mir ein unermüdlicher Kamerad.

Exterieur:
Der Kopf soll in seinen Proportionen zum Körper passen, trotz einer gewissen Schwere edel und trocken sein. Kleine, gut angesetzte Ohren, breite Stirn. Der Hals ist stark und muskulös, seine Länge muß ebenfalls im richtigen Verhältnis zu den Körperproportionen stehen. Gut gelagerte, schräge Schulter, breite Brust, kurzer, gerader Rücken, stark gewölbte Rippen. Kruppe gut bemuskelt und verhältnismäßig lang. Kräftige, gut bemuskelte Gliedmaßen, die Hinterbeine sollen gut bemuskelte Schenkel und breite, gut ausgebildete Sprunggelenke haben. Gut geformte, sehr harte Hufe. Üppiges Mähnenhaar mit dichtem Stirnschopf, in dem die Ohren manchmal fast verschwinden, und tief angesetzter, üppig behaarter Schweif. Im ganzen soll das Shetty den Eindruck eines sehr kräftigen, aber trotzdem edlen Pferdchens machen. Das Haar ist im Sommer kurz und glatt, im Winter sehr dicht mit dicker Unterwolle. Farbe: viel Rappen, aber einschließlich Schecken kommen alle Farben vor. Größe: etwa 85 cm bis 115 cm Stockmaß, sowohl kleiner als auch größer. Siehe Abb. 35, 72, 95.
Zur Eintragung werden die Ponys in Sektionen eingeteilt:

Sektion A;	101 cm für dreijährige Ponys 106 cm für vierjährige und ältere
Sektion B;	Reinblütige Shetlandponys über 106 bis 117 cm, deren Reinblütigkeit durch entsprechende Papiere nachgewiesen werden kann.

In diesem Zusammenhang ist noch zu sagen, daß inzwischen extrem kleine *Zwergpferde* gezüchtet werden. Einen praktischen Wert haben diese Miniaturzüchtungen nicht, sie sind eine Spielerei.
Verwendung: Reitpferde für Kinder bis zu etwa 10 Jahren, es kommt natürlich auf die Größe der Kinder an. Kutschpferdchen auch für Erwachsene. Kindern darf man auf keinen Fall die eigenwilligen Hengste in die Hand geben! Auch sonst sind Shettys kein Spielzeug, jedes Kind muß erst unter sachverständiger Aufsicht lernen, mit dem Pferdchen umzugehen und es richtig zu beherrschen. Shettys können sehr eigensinnig sein und verstehen es dank ihrer großen Intelligenz gut, ihren Kopf durchzusetzen, wenn ihr Reiter oder Fahrer unsicher ist. Man sollte nie vergessen, daß das

Shetlandpony zwar klein, aber ein echtes Pferd ist und außerdem über erhebliche Kraft verfügt.
Eine Anmerkung über die Fütterung gehört ebenfalls hierher: bei aller Genügsamkeit der Ponys reicht es nicht, ihnen als einzige Nahrungsquelle den Rasen rund ums Haus anzubieten. Pro Pony ist eine Fläche von 5.000 qm nötig, wenn sie sich allein vom Weidegang ernähren sollen. Und für die Winterfütterung braucht man pro Pony täglich 3 Pfund gutes Heu und ebensoviel Futterstroh, dazu Rüben und Mohrrüben. Kraftfutter ist nur bei extremer Arbeitsbelastung nötig, es kann sonst eher schaden. Aber nie darf es an Trinkwasser fehlen, vor allem im Winter muß man darauf achten, daß es nicht gefriert. Als Unterkunft dient den Ponys am besten ein Offenstall, den sie nach Belieben aufsuchen und verlassen können.
Da die kleinen Pferde leider oft aus einer Laune heraus gekauft werden, weil man denkt, man kann die Zwerge überall unterbringen und braucht sich nicht groß um sie zu kümmern, möchte ich nachdrücklich auf diese Grundbedingungen der Haltung eines Shettys hinweisen.

Welsh Pony

Die bereits im Altertum vorhandenen keltischen Ponys sieht man als die direkten Vorfahren des in der Berglandschaft von Wales seit über 1000 Jahren gezüchteten Welsh Mountain Ponys an. Die zähen, wildlebenden Pferdchen dienten den Schafhirten beim Hüten der großen Herden in dem unwegsamen Gebirgsgelände. Außerdem wurden sie in den Bergwerken von Südwales als Grubenpferde eingesetzt.
Das edle, hübsche Pferdchen fand aber auch außerhalb dieser Interessentengruppe Beachtung. Dem Welsh Pony wurde frühzeitig Fremdblut zugeführt, in der Hauptsache Araber, aber auch Vollblut und Hackneys. Diese Einkreuzungen von Blutpferden machten das Pony edel und gaben ihm die raumgreifenden Gänge. Dem Urtyp am nächsten steht das in den Bergen lebende Welsh Mountain Pony, es unterscheidet sich von dem im Flachland gezogenen Welsh aber

nur durch die Größe. Die Welsh Ponys werden in vier Gruppen aufgestellt. Die den Sektionen A und B zugeteilten Ponys sind im Exterieur gleich, nur unterschiedlich groß.

Exterieur:

Kleiner, edler Kopf, trocken, mit großen Augen und kleinen Ohren. Langer, schön aufgesetzter Hals, gut gelagerte, schräge Schulter. Etwas schwacher Widerrist, kurzer, kräftiger Rücken, leicht abfallende Kruppe mit hoch angesetztem, schön getragenem Schweif. Kräftige, starke Gliedmaßen mit guten Gelenken. Feste, kleine Hufe. Größe: Sektion A bis 122 cm Stockmaß, Sektion B bis 137 cm Stockmaß. Farbe: sehr viel Schimmel, alle anderen Farben, mit Ausnahme von Schecken, die nicht eingetragen werden. Charakter: temperamentvolles, gutartiges kleines Blutpferd, braucht einen schon etwas erfahrenen Reiter. Verwendung: Kinderreitpferd, Kutschpferd, ein Sportpferd im Kleinformat, das sehr gut springen kann. Siehe Abb. 75, 76.

In der Sektion C werden die Welsh Ponys 'Cob-Typ' eingetragen. Diese Cob-Ponys sind Kreuzungen zwischen Welsh der Sektionen A und B mit dem Welsh Cob, der wiederum in Sektion D (siehe diese) eingetragen wird. Das *Welsh Pony Cob-Typ* darf ebenfalls bis 137 cm Stockmaß messen, ist aber durch das Cob-Blut kräftiger als das in Sektion B eingetragene. Diese Welsh sind gute Jagd- und Geländepferde für Kinder.

Bleibt noch der Welsh Cob, Sektion D. Dieses Pony, das größenmäßig nicht begrenzt ist, darf auch über die für die Bezeichnung 'Pony' limitierte Größe von 147,3 cm hinauswachsen. Der Welsh Cob ist die einzige gefestigte und stutbuchmäßig erfaßte Cob-Rasse und wird seit Jahrhunderten in Wales gezüchtet. Es ist ein manchmal etwas derb wirkendes Pferd, der Kötenbehang erinnert an Kaltblutpferde. In seiner Heimat ist der Welsh Cob ein sehr begehrtes Pferd für viele Zwecke, ebenso zuverlässig im Zug wie unverwüstlich im Gelände unter dem Reiter, ein mutiges Jagdpferd, das sich vor keinem Hindernis fürchtet und dabei von ruhigem Temperament ist.

Exterieur:

Kopf oft etwas schwer, soll gerades Profil haben, kleine Ohren und

große Augen. Hoch aufgesetzter, langer Hals, breite Brust, kurzer Rücken, runde, gut bemuskelte Kruppe. Kräftige, trockne Beine mit kurzen Röhren und kräftigen Gelenken, harte Hufe. Größe: meist zwischen 142 cm und 155 cm Stockmaß, doch ist die Größe nach oben nicht begrenzt, Farbe: viel Füchse und Braune aller Schattierungen. Verwendung: ausgezeichnetes Reitpferd auch für Erwachsene, wird wegen seiner geringeren Größe von Älteren Großpferden vorgezogen. Gutes Gelände- und Jagdpferd, gutes Zugpferd. Sehr geduldig, neigt wenig zum Scheuen.
Ein weiterer Vorteil: der Welsh Cob läßt sich sehr gut robust halten. Welsh Cobs, die das Pony-Limit von 147,3 cm übertreffen, dürfen bei Turnieren, die für Ponys ausgeschrieben sind, nicht starten. Siehe Abb. 85.

Exmoor Pony

Im Exmoor Pony stellt sich die älteste Ponyrasse Großbritanniens vor, ein direkter Nachkomme vorgeschichtlicher Wildpferde. Vermutlich seit Jahrtausenden in der Heide-und Moorlandschaft von Exmoor beheimatet, unverändert im Typ bis zum heutigen Tag.
Exterieur:
Kleiner, hübscher Kopf mit breiter Stirn (die immer als ein Zeichen von Intelligenz angesehen wird), weit auseinanderstehende kurze Ohren, aufmerksam blickende Augen, die ebenfalls weit auseinanderstehen. Auffallend das 'Mehlmaul' und die helle Umrandung der Augen, auch die Innenseite der Beine und der Unterbauch sind heller gefärbt. Kurzer, aber gut geformter Hals, hoher Widerrist, schräge, gut gelagerte Schulter. Muskulöser, mittellanger Rücken mit guter Rippenwölbung, leicht abfallende Kruppe. Trockne, gesunde Beine und sehr harte Hufe. Mähnen- und Schweifhaare üppig. Das Körperhaar unterscheidet sich von allen anderen Ponyrassen, ist im Winter sehr rauh, ähnlich dem Winterfell der Hirsche, im Sommer hart, dicht und glänzend wie Kupfer. Größe: bis 123 cm Stockmaß. Farbe: Mausbraun ohne alle Abzeichen, mit Ausnahme der helleren Färbung der oben genannten Körperteile.

Verwendung: Reinblütige Exmoorponys haben viele gute Vererber z.B. zu Beginn auch für die Vollblutzucht gestellt und später – wiederum mit Vollblut gekreuzt – sehr gute *Hunter* geliefert. Exmoors sind beste Kinderreitpferde und können natürlich auch für den Fahrsport verwendet werden. Die Ponys werden immer noch halbwild gehalten. Bei dem einmal im Jahr stattfindenden herbstlichen Auftrieb werden die Fohlen auf ihre züchterische Eignung begutachtet. Die Ausgewählten bekommen ein Brandzeichen und werden registriert. Siehe Abb. 77.

Dartmoor Pony

Zwischen dem Kanal und dem Atlantischen Ozean, in den hochgelegenen Mooren Dartmoors, lebt ebenfalls seit sehr langer Zeit das Dartmoor Pony. In diesem Gebiet, über das die Atlantikstürme ungehindert hinwegfegen, konnte wiederum nur ein ganz hartes, gesundes Pony überdauern, das jeder Art von Witterung zu trotzen vermag. Das Einkreuzen kleiner Vollblüter hat ein ideales Reitpony geschaffen, edel, flink und sehr ausdauernd.

Exterieur:

Kleiner, edler Kopf, kurze Ohren, aufmerksame Augen mit lebhaftem Ausdruck. Gut aufgesetzter, mittellanger Hals, schräge Schulter. Kräftiger, gut bemuskelter Rücken, das gleiche gilt für die Kruppe und Hinterhand. Harte, gut geformte Hufe. Größe: 127 cm Stockmaß ist das erlaubte Höchstmaß für die Eintragung. Farbe: Braun, Schwarz, Schimmel. Bis auf einen kleinen Stern oder eine Flocke sind weiße Abzeichen unerwünscht. Schecken werden nicht eingetragen. Verwendung: charakterlich gute, temperamentvolle Kinderreitpferde, gehen auch schön vor dem Wagen. Siehe Abb. 79. Anmerkung: Dr. Uppenborn betont ausdrücklich, daß ein Dartmoor Pony niemals Hafer bekommen soll, weil dadurch sein gutes Temperament verdorben würde.

Highland Pony

Im Hochland des westlichen Schottland und auf den vorgelagerten Inseln wird das Highland Pony gezüchtet, ebenfalls eine der sehr alten Ponyrassen, vermutlich keltischen Ursprungs. Die Schotten nennen das Highland Pony auch *Garron*, eine Bezeichnung keltischen Ursprungs, die aber kein Rassenname ist, sondern einen als Packpferd verwendeten Wallach meint. Das Highland Pony wird bevorzugt als Reitpferd verwendet, und zwar in dem Sinn, daß es den Jäger und dazu noch dessen Beute sicher und zuverlässig auch durch unwegsames Gelände trägt. Die Ponys auf den Inseln waren leichter und flinker als die Festlandponys. Das Festlandpony ist größer, kommt im Typ einem kleinen Hunter nahe und kann auch wie dieser verwendet werden.

Exterieur:

Edler, feiner Kopf, kleine Ohren, weit auseinanderstehende, aufmerksam blickende Augen. Schön getragener, kräftiger, mittellanger Hals, kurze, steile Schulter, wenig Widerrist. Kräftiger, gut bemuskelter Rücken, kurze, abfallende Kruppe. Kräftige Beine mit kurzen Röhren, ausdrucksvolle Sprunggelenke, leichter Kötenbehang am Fesselkopf. Größe: 132 cm bis 147,3 cm Stockmaß. Farbe: sehr viel Falben in allen Schattierungen, Schimmel und Braune. Zebrastreifung an den Beinen und Aalstrich häufig. Rappen und Füchse sind ausgesprochen selten. Die Beschreibung trifft auf beide Typen zu, nur ist das Inselpony etwas leichter und kleiner.
Verwendung: sehr trittsicheres, zuverlässiges Reit- und Packpferd für jedes Gelände, ein vorzügliches Pony für Erwachsene. Wird heute gern für Wanderritte eingesetzt. Siehe Abb. 80.

Fell Pony

Zu den größeren Ponyrassen Englands gehört auch das Fell Pony, in Westmoreland und Cumberland zu Hause. Es wird dort seit etwa 200 Jahren gezüchtet und müßte ehemals schwere Arbeit als Tragtier leisten. Mit Blei- und Zinnbarren beladene, zentnerschwere

Körbe wurden von den Ponys aus den Minengebieten zu den Docks geschleppt – über Hunderte von Kilometern. Aber auch als zuverlässige Zug- und Reitpferde waren die Fell Ponys geschätzt. Seit Gründung der 'Fell Pony Society' im Jahre 1900 wird der Rasse kein Fremdblut mehr zugeführt. Das Fell Pony ist heute ein beliebtes 'Mehrzweckpferd', als Reitpferd durchaus auch für Erwachsene geeignet, dazu ein ausgezeichnetes Wagenpferd. Es ist hart und ausdauernd, trittsicher wie alle Bergpferdrassen und besitzt neben guten Bewegungen in allen drei Gangarten auch Springvermögen.

Exterieur:

Mittelgroßer Kopf mit breiter Stirn, kleinen Ohren. Hals zum kompakten Körper in guter Proportion, lange, schräge Schulter. Kräftiges Fundament, gut ausgebildete Vorderfußwurzeln und Sprunggelenke. Üppige Schweif- und Mähnenhaare, leichter Kötenbehang. Größe: 137 cm bis 142 cm Stockmaß. Farbe: überwiegend Rappen, Schwarzbraune oder Braune, es gibt aber auch Schimmel, nur Füchse kommen nicht vor. Schecken nur bei Kreuzungen. Verwendung: für alle Zwecke geeignet, gutes Reit-, Trag- und Fahrpony.

Dales Pony

Zwischen Fell- und Dales Pony besteht eine sehr enge Verwandtschaft, ihre verschiedene Bezeichnung hatte mehr geographische als rassenmäßig bedingte Ursache. In den Tälern (dales) Nord-Yorkshires, der Landschaft Durham und Northumberland wird das Dales Pony gezüchtet. Wie sein Vetter Fell Pony wurde es ursprünglich als Tragtier für den Erztransport eingesetzt. Später wurden Kaltblüter (Clydesdale) eingekreuzt, da die Bauern ein etwas schwereres Pony wünschten. Der Zuchtbestand, einst sehr hoch, schmolz in diesem Jahrhundert sehr zusammen, doch blieb stets ein Stamm wieder reinblütig gezüchteter Dales Ponys übrig. Inzwischen wurde es auch als sehr angenehmes Freizeitpferd entdeckt, das ohne weiteres auch Erwachsene trägt und dank seines

ruhigen, ausgeglichenen Wesens bei großer Intelligenz, Genügsamkeit und Härte alle Voraussetzungen für das ideale Freizeitpferd besitzt.
Exterieur:
Wie Fell Pony. Siehe Abb. 82.

New Forest Pony

Im königlichen Jagdrevier des New Forest, einem in der Grafschaft Hampshire zwischen Southampton und dem Avon-Fluß gelegenen Gebiet, ist die nach ihrer Heimat 'New Forest' benannte Ponyrasse zu Hause. Das riesige, etwa 24.000 ha (1 ha = 1000 qm) umfassende Wald-, Moor- und Heidegebiet wurde vor vielen hundert Jahren zum 'Königlichen Jagdwald' erklärt. Als Entschädigung für Jagd- und Wildschäden erhielten die Anwohner das Recht auf Gemeinschaftsweide, und so grasten auch kleine Pferde völlig frei und ungestört in New Forest. Über Ursprung und Geschichte der heute so beliebten rassigen Ponys ist so gut wie nichts bekannt, aber auch sie werden von den kleinen prähistorischen Pferden abstammen und erlangten durch ihr Leben in Freiheit die auch allen anderen Ponyrassen eigene Härte.
Eine wirklich planmäßige Zucht begann erst mit der Gründung der 'Gesellschaft zur Förderung der Zucht des New Forest Ponys' im Jahre 1891. Dann wurden viele Hengste verwandter Rassen zu den Stuten gebracht, und daran liegt es vermutlich, daß der New Forest im Typ sehr uneinheitlich wurde. Heute wird wieder rein gezüchtet, bei erheblichen Größenschwankungen zwischen 120 und 143 cm Stockmaß. Das New Forest Pony hat sich dank seines gutartigen Wesens und anderer großer Vorzüge bereits viele Anhänger außerhalb seiner Heimat erworben, wird außer in England sehr viel in Holland und neuerdings auch bei uns gezüchtet.
Exterieur:
Mittelgroßer, schmal wirkender Kopf, kleine, schmale Ohren, kurzer, kräftiger Hals, gut gelagerte Schulter, gute Brusttiefe, langer Widerrist, gerader Rücken, gut bemuskelte, manchmal leicht

abfallende Kruppe. Schweif schön angesetzt. Kräftige Gliedmaßen, Hinterhand nicht immer korrekt gestellt. Größe 120 cm bis 144 cm, auch darüber. Farbe: überwiegend Braune aller Schattierungen, aber es kommen alle Farben vor. Schecken werden als untypisch nicht eingetragen. Verwendung: bis etwa 137 cm Größe beste Kinderreitpferde, darüber auch Erwachsenenpferde zum Reiten. Größere New Forest Ponys werden gern als Poloponys verwendet, weil sie flink, wendig und reaktionsschnell sind. Ausgezeichnete Geländepferde, trittsicher, scheufrei. Siehe Abb. 84, 91.

Connemara Pony

An der Westküste Südirlands, in der Grafschaft Galway, wird eine der schönsten Ponyrassen gezüchtet, das Connemara. Wie überall an den vorgenannten Orten werden auch hier wildlebende Ponys vorhanden gewesen sein, die nach Bedarf von den dort lebenden Menschen gezähmt wurden. Dann sollen die Kelten spanische Pferde in diese Gegend mitgebracht haben, und der Rasse soll auch im Mittelalter noch einmal spanisches Blut zugeflossen sein. 1928 wurde ein Stutbuch eröffnet mit sehr strengen Eintragungsbestimmungen. Alle Ponys müssen mit zwei Jahren einer Zuchtkommission vorgestellt werden, und zwar in ihrer heimatlichen Umgebung. Nur die Tiere, die diese Prüfung bestehen, werden eingetragen, und selbstverständlich sind alle Hengste lizensiert. Nur reinrassige Connemaras sind eintragungsberechtigt. Das schöne, gutartige Connemara ist ein kleines Pferd und nicht eigentlich das, was man unter einem 'Pony' versteht. Ein hervorragendes Geländepferd auch für den erwachsenen Reiter.

Exterieur:

Edler, verhältnismäßig großer Kopf mit klugen, aufmerksam blickenden, großen Augen und größeren Ohren, als andere Ponyrassen sie haben. Gut angesetzter, schön getragener, langer Hals, lange, schräge Schulter, hoher Widerrist und kräftiger, gerader Rücken. Muskulöse, leicht abfallende Kruppe, ganz korrekte, trockne Gliedmaßen mit klaren Sehnen und Gelenken, eisenharte, gut geformte Hufe. Größe: 130 cm bis 147 cm Stockmaß. Farbe: jetzt überwiegend Schimmel; früher überwog die Falbfarbe, die heute verhältnißmäßig selten geworden ist. Diese Falben haben dunkle Mähne, dunklen Schweif und Aalstrich. Braune und Rappen gibt es auch. Verwendung: vorzügliches Reitpferd von bestem Charakter für alle Zwecke, natürlich auch als Wagenpferd. Das ausgezeichnete Springvermögen der Connemaras demonstrierte der berühmte 'Stroller', der in Mexiko olympisches Silber errang und mit dem Springderbysieg in Hamburg-Flottbeck eine der begehrtesten Trophäen im Springsport errang. Siehe Abb. 78.

Das waren die neun *Ponyrassen Großbritanniens*. Die meisten sind über die Grenzen ihrer Heimat hinaus bekannt, begehrt und beliebt geworden. Sie werden in vielen Ländern, so auch in der Bundesrepublik gezüchtet. Wobei allerdings darauf zu achten ist, daß bequemere Lebensbedingungen nicht zu einer Verweichlichung der Rassen führen, ist es doch gerade ihre Härte, Lebenskraft und Genügsamkeit, die diese kleinen Pferde auszeichnet. Auch der Tendenz zum Größerwerden, wie es leicht bei besseren Aufzuchtbedingungen der Fall ist, muß mit Importen typischer Hengste aus den ursprünglichen Zuchtgebieten immer wieder gegengehalten werden. Das ist aber auch bei den anderen Ponyrassen der Fall, die jetzt vorgestellt werden.

Island Pony

Seit rund 800 Jahren ist die Einfuhr von Pferden nach Island verboten. Wenn man eine Pferderasse als 'reinblütig' bezeichnen kann, dann sind es sicherlich die Island Ponys.
Durch das Fehlen jeglichen Fremdblutes über Jahrhunderte hinweg blieb der Typ dieses Ponys ganz unverfälscht erhalten. Der *Isländer* ist ein etwas derb wirkendes 'Primitivpony', wobei man primitiv nicht im Sinne von minderwertig mißverstehen darf, sondern in dem eigentlichen Sinn von 'urwüchsig'.
Die Wikinger brachten Pferde mit auf die eisige Insel mit den

feuerspeienden Bergen. Bis zu dem Verbot jeglicher Pferdeeinfuhr ist sicher noch das eine oder andere Pony aus anderen Gegenden dort gelandet. Als die Isländer 930 ihr Einfuhrverbot aussprachen, ging es ihnen übrigens nicht um die Reinheit der Zucht ihrer Pferde, sie hatten vielmehr Angst vor der Einschleppung von Seuchen. Aber der Beschluß ließ eine Ponyrasse wachsen, die in puncto Reinblütigkeit unerreicht ist. Auf der schwachbesiedelten Insel, in dem von Fjorden und Gletscherströmen zerrissenen, von Geröllhalden bedeckten Land, bot das Reitpferd die einzige Möglichkeit der Fortbewegung, wenn man nicht nur die eigenen Beine benutzen wollte. Dieses Pferd mußte unglaublich robust, gegen alle Witterungsunbilden unempfindlich, auch in schwierigem Gelände unbedingt trittsicher und dazu mit sehr kargem Futter zufrieden sein. Alle wild oder halbwild lebenden Ponyrassen müssen sich harten Lebensbedingungen anpassen, aber unter vergleichbar schwierigen Bedingungen wie auf der Insel im Eismeer mußte wohl nur noch eine andere Pferderasse um ihre Existenz kämpfen: der Wüsten-Araber. Als vor gut 15 Jahren ruchbar wurde, daß Islandponys in großer Zahl als Schlachtpferde exportiert wurden, kaufte sich mancher aus Mitleid so ein – damals sehr preiswertes – Pferdchen und dachte, eine Art Kinderspielzeug erworben zu haben. Das ist der Isländer nun aber keineswegs, er ist im Gegenteil ein sehr eigenwilliges und temperamentvolles Reitpferd für Erwachsene, er braucht einen Reiter, der sich durchzusetzen versteht. Gewiß kann das auch ein Jugendlicher sein, aber ein 'Kinderpferd' im eigentlichen Sinn ist der Isländer nicht.

Auf Island gibt es immer noch um die 50.000 Ponys, und wenn das auch nicht gern gehört wird, ist es doch Tatsache, daß 60% der Fohlen im Herbst zur Schlachtbank wandern.

Längst wird das Islandpony in anderen Ländern nachgezüchtet, besonders in der Bundesrepublik Deutschland. Eine Sorge hat der Besitzer oder Züchter fern der Insel mit den sonst so kerngesunden Isländern: sie neigen im Sommer zu Ekzemen, die schwierig zu heilen sind. Aber mehrere Tausend Islandponys allein bei uns zeugen von der außerordentlichen Beliebtheit dieser Rasse. Eine Besonderheit des Isländers ist die Tatsache, daß er außer den drei normalen Gangarten des Pferdes: Schritt, Trab, Galopp, noch Paß und *Tölt* gehen kann. Tölt ist eine schwer mit Worten zu beschreibende blitzschnelle Fußfolge im Viertakt, eine für den Reiter besonders schonende Gangart. Wurde ein Erwachsener auf einem Islandpony vor Jahren vielleicht noch belächelt oder gar als 'Tierquäler' verdächtigt, so ist inzwischen allgemein bekannt, daß die kleinen Pferde echte Gewichtsträger sind, die mühelos selbst einen schweren Mann über Stock und Stein tragen.

Exterieur:

Schwerer, breiter Kopf mit kleinen Ohren, die fast in dem starken Stirnschopf verschwinden. Kurzer, kräftiger Hals, kompakter, kräftiger Körper, kurzer Rücken, gut bemuskelte, abfallende, oft gespaltene Kruppe. Kurze, kräftige Gliedmaßen, kräftige Fesseln, oft zehenweite Stellung. Kräftiges Mähnen- und Schweifhaar; das Haarkleid ist im Winter rauh und dicht. Island Ponys sollten rund ums Jahr nur in Offenställen gehalten werden. Größe: um 130 cm Stockmaß. Farben: alle Farben, auch Schecken. Füchse, Rappen, Braune überwiegen, gefolgt von Schimmeln, Falben und Grauen. Aalstrich und Zebrafärbung an den Beinen kommen vor. Verwendung: Sehr ausdauerndes, trittsicheres Reitpferd, das aber ausgesprochen spätreif ist und nicht vor dem 4. Jahr vorsichtig eingeritten werden sollte. Kann heftig sein, darum kein ausgesprochenes Kinderreitpferd, jedenfalls nicht für Anfänger. Bis auf die Ekzemneigung gesund und sehr langlebig. Siehe Abb. 83.

Konik

Zu den 'Primitivrassen' gehört auch dieses willige und noch heute als echtes Arbeitstier eingesetzte Pferdchen – eben das bedeutet der Name 'Konik'. In direkter Linie von den Wildpferden der russischen Steppe abstammend, war der Konik die Basis für die Versuche, den *Tarpan* zu rekonstruieren (Abb. 71). Diese Versuche wurden nicht nur in Hellabrunn, sondern auch in der Heimat des Koniks, in Polen, gemacht. Bekannt ist die sogenannte 'Tarpan-Regenerationsherde' in Bialowice. Konikhengste wurden auch in anderen

Ponyzuchten eingesetzt, so bei den Dülmenern im Merfelder Bruch (s.d.). Die Zucht der Koniks liegt weitgehend in bäuerlicher Hand; Deckstationen, die mit ausgesuchten Deckhengsten besetzt sind, gibt es überall im Lande. Man legt großen Wert darauf, diese harte und leistungsfähige Rasse zu erhalten, weil sie immer noch ausgesprochen wirtschaftliche Bedeutung hat und sich keineswegs nur zu einer Art Luxuspferdchen wandelte, wie es ja doch bei fast allen anderen Ponyrassen der Fall ist: aus wirtschaftlichen Gründen brauchte es praktisch überhaupt keine Pferde mehr zu geben, ob nun Großpferd oder Pony, jedenfalls nicht dort, wo der Motor Sieger bleibt im Kampf der Pferdestärken . . .
Der polnische Konik wird vorläufig noch gebraucht. Und in einzelnen Fällen finden die robusten Pferdchen auch schon als Freizeitpartner Verwendung. Es ist zu hoffen, daß diese urtümliche Rasse in ihrer Eigenart erhalten bleibt.
Exterieur:
Kleiner, kräftiger Kopf, manchmal konkaver Nasenrücken, kleine, spitze Ohren, ausdrucksvolle, lebhafte Augen. Kräftiger, mittellanger Hals, muskulöser Rücken, abgeschlagene Kruppe, harte, gut bemuskelte Gliedmaßen mit trocknen Sehnen und kleinen, festen Hufen. Größe: etwa 133 cm Stockmaß. Farbe: der reingezogene Konik ist dunkel- bis hellmausgrau, allenfalls bräunlich, hat Aalstrich und Zebrastreifung an den Beinen. Verwendung: in seiner Heimat nach wie vor Arbeitspferd in der Landwirtschaft, manchmal Kinderreitpferd. Dazu eignen sich aber nur Koniks mit gutem Temperament. Zuchtgebiet ist Polen. Siehe Abb. 87.

Huzule

Wieder handelt es sich um eins der zähen, dem Wildpferd nahestehenden Gebirgsponys, dessen Existenz aber sehr bedroht war. Die Waldkarpaten sind das Ursprungsland der Huzulen, das Pferdchen war dort ebenso unentbehrlich für die Menschen wie der Isländer für Island. Als die Bukowina noch ein Teil der K. u. K. Monarchie war, kümmerte man sich erstmals eingehend um den Erhalt dieser Rasse.

Die trittsicheren und mit einem gelassenen Temperament ausgestatteten Ponys ergaben hervorragende Saumtiere für den Militärdienst in unwegsamem Berggelände. Aber die Heimatgegend des Huzulen wurde wiederholt geteilt, wie es in Grenzgebieten immer wieder geschieht. Daß darunter die Tierzucht des betreffenden Gebietes leidet, ist klar. Die Rumänen bekamen schließlich jenen Teil der Huzulei, in dem die besten Zuchthengste standen, so blieb der Huzule erhalten. Das tüchtige Pferdchen leistet immer noch den Bergbauern als Arbeitstier beste Dienste, findet aber auch wegen seines guten Wesens immer mehr Liebhaber im Freizeitsport. So wurde 1974 in Prag ein 'Huzul Club' gegründet und eine Zucht begonnen. Neben der Reinzucht liefen auch Versuche mit Kreuzungen, so mit Norske Fjord Ponys. Ob das sinnvoll ist, nur um den Huzulen etwas größer zu machen, sei dahingestellt.

Exterieur:

Edler, kleiner Kopf, kleine spitze Ohren, aufmerksam blickende Augen, kurzer, aber gut getragener Hals, zum Lastentragen geeigneter, kräftiger Rücken, muskulöse Kruppe. Stabile, harte Gliedmaßen, gelegentlich kuhhessige Stellung, sehr harte, kleine Hufe. Größe: 125 cm bis 138 cm Stockmaß. Farbe: überwiegend Braune und Falben, aber auch Schimmel und andere Farben. Verwendung: immer noch Tragtier, ausgezeichnetes Fahrpferd, angenehmes, sehr trittsicheres Reitpferd, in den größeren Exemplaren auch für Erwachsene geeignet. Von sehr gelassenem Wesen: Saumtiere dürfen nicht zum Scheuen neigen! Außer im Hauptzuchtgebiet Rumänien wird der Huzule in Polen, in der Tschechoslowakei und in England gezüchtet. Siehe Abb. 86.

Norske Fjord Pony

Vor etwa 20 Jahren fielen mir diese adretten, hübschen kleinen Pferde in Dänemark auf. Ich erkundigte mich nach der mir bis dahin unbekannten Rasse und erfuhr, daß es sich um das Norske Fjord Pony handelt, ein an der Westküste Norwegens gezüchtetes vielseitiges Pferd im Kleinformat. In den folgenden Jahren nahmen die

Fjordponys in Dänemark ständig zu, aber da sie auf den wesentlich fetteren Weidegründen dort in wenigen Generationen auch wesentlich größer wurden, führte man immer wieder Zuchthengste aus Norwegen ein. Das Pony ging vor jeder Art von Wagen und Ackergerät, aber auf den vielen kleinen, dörflichen Turnieren in Dänemark sah man bald auch die Jugend auf den Norwegern im Sattel. Die auffallend gefärbten Pferdchen fanden schnell auch in der Bundesrepublik Freunde, sie gehören heutzutage sozusagen zum 'Stamm' der Freizeitpferde.

Will man die Entstehungsgeschichte einer alten Pferderasse aufspüren, verlieren sich die Fakten bald im Gestrüpp der Vermutungen. So auch beim Fjordpferd, dessen enge Verwandtschaft mit den wilden Urahnen, Tarpan und Przewalskipferd, aber noch heute unverkennbar ist. Bis in unser Jahrhundert hinein war das *Fjordpferd* nur in Norwegen bekannt und nicht nur den Bauern der Westküste ein unentbehrlicher Gefährte. Die Lebensbedingungen der Pferde waren keineswegs üppig zu nennen, die langen, harten Winter mußten mit einem Minimum an Futter durchgestanden werden. Das Fjordpferd blieb dabei klein, hart und anspruchslos, ein echtes Leistungspferd, das nur an seiner Leistung und nicht an seiner Schönheit gemessen wurde. Doch die Verwendung des Fjordponys liegt heute auf einer anderen Ebene, und damit hat auch der Typ sich bereits ein wenig gewandelt, und er wird sich noch weiter wandeln müssen. Gefragt ist das noch immer leistungsstarke, aber etwas edlere und größere Reitpony, nicht mehr das kleine, ziemlich derbe Arbeitspferd. Es gehört viel Kenntnis dazu, eine Pferderasse unter Beibehaltung der guten Eigenschaften zu veredeln. Beim Norske Fjord Pony haben erste vorsichtige Bemühungen durch Einkreuzen von Connemara-Hengsten und besonders ausgesuchten englischen Vollbluthengsten bereits stattgefunden.

Exterieur:

Großer, aber wohlgeformter Kopf, der absolut trocken und nicht schwer wirken muß, breite Stirn, große, dunkle, klug blickende Augen, kleine Ohren. Kurzer Hals, fast kein Widerrist, mittellanger, breiter Rücken, Kruppe gut bemuskelt, leicht abfallend. Die Schulter soll schräg sein mit langem Unterarm und kurzem

Vordermittelfuß. Fesseln elastisch, nicht zu kurz, oft kuhhessige Stellung der Hinterbeine, die aber nicht als Fehler gilt. Aalstrich vom Stirnschopf bis in den Schweif. Sehr oft Zebrastreifung der Beine. Größe: 135 cm bis 145 cm Stockmaß. Farbe: Falbfarben von fast Grauweiß bis Ockergelb, Fohlen ganz hell cremefarben. Mähne und Schweif hell, aber durch den Aalstrich mit dunkler Mitte, was bei geschorenem Mähnenhaar besonders attraktiv wirkt. Ein rundum apartes kleines Pferd! Verwendung: Reit- und Fahrpony mit schönen Gängen, durchaus ein Erwachsenenpferd. Springt gut, kann sogar dressurmäßig geritten werden. Hauptzuchtgebiet: Norwegen, Dänemark, Nachzuchtgebiet Bundesrepublik Deutschland. Siehe Abb. 93, 94.

Haflinger

Unter den vielen hübschen, leistungsstarken und genügsamen Ponyrassen gehört der Haflinger zu den schönsten. Seine eigentliche Heimat ist Südtirol, vor allem das Hochtal der Etsch. Im Gebirge braucht man besonders zuverlässige Pferde, die nicht bei der kleinsten Ursache gleich in Panik geraten, wie es viele Pferde leicht tun. Auf den schmalen Saumpfaden muß ein Pferd nicht nur trittsicher sein, sondern auch völlig scheufrei und dazu sehr vorsichtig. Pferde mit diesen Eigenschaften, die zudem fähig sind, schwere Lasten zu tragen, ziehen schnell die Aufmerksamkeit militärischer Stellen auf sich. So war der Haflinger nicht nur der unermüdliche Arbeitskamerad der Bergbauern, er leistete seinen 'Militärdienst' auch in der Donaumonarchie, Italien und Deutschland ab – je nachdem, wer in seinem Zuchtgebiet das Sagen hatte. Als Südtirol zu Italien kam, hatte Österreich zunächst Mühe, in seinem Teil Tirols wieder eine gute Haflingerzucht aufzubauen. Später fand das patente Pferdchen auch in Bayern viele Freunde, die Zucht wurde dort seit 1935 aufgebaut.
Kleine Saumpferde werden als die Vorfahren des Haflingers angesehen. Sie wurden mit Norikern und Orientalen gekreuzt. Ein Araberhengst aus dem Gestüt Radautz mit Namen 'El Bedavi XXII'

zeugte mit einer Stute des Bauern Folie einen Sohn, der den Namen '243 Folie' bekam und als Stammvater der nach dem Ort Hafling (über Meran gelegen) benannten Rasse angesehen werden muß. Der Halbbluthengst, ein Fuchs mit Aalstrich, ist der Vater der Hengste '14 Folie I' (geboren 1887) und '252/233 Hafling' (geboren 1897), auf sie gehen alle in Südtirol, Österreich und Bayern zur Zucht verwendeten Hengste zurück. Lange Zeit blieb der Haflinger ein Gebirgspferd, und gerade im Gebirge hatte der Motor es ja schwer, das Pferd aus seiner Tätigkeit zu verdrängen. Die steilen Bergwiesen, die schmalen Pfade blieben lange Zeit, und sind es noch zum Teil, dem Pferd 'reserviert'.

Aber ein so hübsches, gutartiges und munteres Pferdchen konnte den Freizeitreitern nicht verborgen bleiben. Man muß es wohl immer begrüßen, wenn eine Pferderasse für die Zwecke der Freizeitgestaltung 'entdeckt' wird, da sie dann nicht in Gefahr gerät, nur noch zu Schlachtzwecken gezüchtet zu werden oder – die nicht minder bittere Alternative – einfach zu verschwinden, von der Liste der Lebewesen gestrichen zu werden.

Diese Gefahr besteht für den *Haflinger* nicht, solange es Pferdefreunde gibt, die sich für ihn begeistern. Man versucht nur, auch den Haflinger für die Zwecke des Freizeitreiters ein bißchen größer und edler zu machen. Es lag nahe, ihm Araberblut zuzuführen, das er ja ohnehin in seinen Adern hat. So entstand neben dem 'Wirtschaftstyp' Haflinger (Abb. 88) der 'Reitpferdtyp' *Arabo-Haflinger* (Abb. 89). Leider scheint beim Arabo-Haflinger das typische helle Mähnen- und Schweifhaar zu verschwinden, das wäre schade.

Exterieur:

Kurzer, edler Kopf, breite Stirn, kleine Ohren und große, ausdrucksvolle Augen, weite Nüstern, schön aufgesetzter, mittellanger Hals, kaum Widerrist, breiter, kräftiger Rücken, kräftig bemuskelte Nierenpartie und muskulöse, leicht abfallende, meist gespaltene Kruppe. Kräftiges Fundament mit klaren Sehnen und festen Gelenken. Größe: 135 cm bis 145 cm Stockmaß. Farbe: nur Füchse in allen Schattierungen vom Lichtfuchs bis zum Kohlfuchs, typisch die fülligen, hellen, flachsfarbenen bis fast weißen Mähnen- und Schweifhaare. Verwendung: immer noch Arbeitskamerad im Gebirge, fleißiges Wagenpferd, neuerdings gefragtes Freizeitpferd zum Reiten. Gutartig und anspruchslos. Hauptzuchtgebiete: Südtirol/Italien, österreichischer Teil von Tirol, dazu Vorarlberg und Kärnten, Bundesrepublik Deutschland. Siehe Abb. 59, 88-90.

Dülmener Pony

Immer wieder liest man von 'Wildpferden' im Merfelder Bruch. Aber Wildpferde sind die Dülmener schon lange nicht mehr, wenn sie auch viel urtümliches Blut in sich haben. Sie leben nur – fast – unter Wildpferdbedingungen, das heißt, in einem Gebiet von etwa 200 ha bleiben sie rund ums Jahr sich selbst überlassen, nie greift der Mensch ein, um Geburt und Tod zu beeinflussen. Normalerweise müssen sich die etwa 100 Stuten samt Hengsten und Fohlen von dem ernähren, was ihre Wildbahn ihnen bietet; nur in ganz strengen Wintern wird Heu zugefüttert. Und in noch einem anderen Punkt findet die absolute 'Wildbahn' ihr Ende: die Weiden werden nicht sich selbst überlassen, sondern gedüngt und gepflegt.
Schon vor einigen hundert Jahren fanden die westfälischen Ponys urkundliche Erwähnung. Eine regelrechte Zucht begann aber erst der Herzog von Croy, als er im vorigen Jahrhundert diesen Landstrich im Münsterland samt den dort lebenden Pferdchen erworben hatte. Der Herde wurden Ponyhengste verschiedener Rassen zugesellt, so Exmoor, Welsh, Konik. Echtes Wildpferdblut kreist gewiß auch in ihren Adern, man vermutet sowohl Tarpane als auch Przewalskipferde unter den Ahnen der Dülmener und teilt sie danach in drei Linien ein: Mausgrau mit Aalstrich und Zebrastreifung an den Beinen = tarpanblütig. Gelblichbraune bis falbfarbene mit Aalstrich und Zebrastreifung = Nachkommen vom Przewalskipferd. Dunkelbraune mit Mehlmaul = Abstammung vom Exmoor Pony.
Jedes Jahr, am letzten Samstag im Mai, wird die ganze Herde zusammengetrieben, die Jährlingshengstlein werden herausgefangen und versteigert. Dieser Auftrieb findet stets ein großes Publikum, man kann schon fast von einem Volksfest sprechen.

Exterieur:
Edler, hübscher Kopf mit kleinen Ohren, klugen Augen, mittellanger Hals, Widerrist genügend markiert, gut bemuskelter Rücken, schräge Schulter, abfallende Kruppe. Korrekt gestellte, harte Gliedmaßen, gesunde, harte Hufe. Größe: 130 cm bis 140 cm Stockmaß. Farbe: Mausgrau, Gelbbraun bis Falb, Dunkelbraun. Oft mit 'Wildpferdmarkierungen', also Aalstrich und Zebrastreifung. Verwendung: gute, edle Kinderreitpferde, flotte Wagenpferde mit angenehmem Charakter. Siehe Abb. 92.

Gotland Pony

Diese interessante Pferderasse ist in der Bundesrepublik noch wenig bekannt. Ich habe absichtlich nicht 'Ponyrasse' geschrieben, denn trotz seiner Kleinheit rechnet man das *Skogsruss* (Waldross) in Schweden zu den kleinen Warmblutpferden.
Wann die kleinen Pferde auf die Insel Gotland kamen, kann niemand sagen, sicher ist nur, daß sie 'schon lange' wild in den Wäldern von Gotland gelebt haben. Die Bauern fingen sich nach Bedarf Tiere aus den Herden heraus und zähmten sie. Im übrigen konnten die Pferdchen tun und lassen, was sie wollten.
Eine regelrechte, also vom Menschen beeinflußte Zucht der Gotland Ponys begann erst gegen Ende des vorigen Jahrhunderts, als in Klintebys ein Gestüt eingerichtet wurde, später kamen noch zwei weitere Gestüte hinzu, Rosendal und Busarve. Von allen drei Gestüten blieb nur Busarve bestehen, es übernahm alle Pferde vom Gestüt Rosendal und besaß über 100 Pferde. Das Gestüt Klintebys hatte schon 1897 seine Pforten geschlossen.
Natürlich geriet auch das *Waldroß* einmal in Gefahr, auszusterben. Nachdem eine Einzäunung der Waldgebiete angeordnet wurde, in denen die Pferde sich zuvor völlig ungehindert bewegt hatten, gab es große Schwierigkeiten, den Tieren genügend Raum zur Verfügung zu stellen. Doch es fanden sich sowohl unter den Bauern Gotlands als auch außerhalb der Insel genug Menschen, die dieser urwüchsigen Rasse genügend Interesse entgegenbrachten, um einen für die

weitere Zucht ausreichenden Stamm zu erhalten. Etwas Fremdblut wurde auch den Gotländern zugeführt. 1880 wurde eine Gotlandstute mit einem syrischen Hengst, der dem Berliner Zoo gehörte, gepaart. Der aus dieser Verbindung stammende Hengst 'Olle' erwies sich als hervorragender Vererber, sein Blut ist fast in allen Pedigrees der Gotländer zu finden.

Über die Leistungsfähigkeit dieses Hengstes, der einem Herrn Elfner gehörte, liegen genaue Berichte vor. Gotländer sind vorzügliche Traber. So trabte 'Olle' vor einem mit zwei Personen besetzten Wagen 10 km in 29 Minuten herunter. Und noch mit 20 Jahren machte er eine Tour von 230 Kilometern in drei Tagen, natürlich vor dem Wagen.

Sowohl in Schweden als auch in den USA, wo man die Gotländer schon längst 'entdeckt' hat, werden mit den trabstarken kleinen Pferden regelrechte Trabrennen veranstaltet, bei denen sie an die Zeiten normaler Traber herankommen: 2,02 Minuten für den Kilometer. Außerdem sind die Pferdchen vorzügliche Springer.

Was diese Ponys aber so besonders angenehm macht, ist ihr überragend guter Charakter. Ein böses Waldroß gibt es praktisch nicht, oder die Menschen müssen schon fürchterlich mit ihm umgegangen sein. Ich habe mich selbst bei dem einzigen Gotland-Pony-Züchter der Bundesrepublik, Herrn Anton ter Hazeborg in Wankendorf/Holstein, überzeugt, daß die Pferdchen von einer nicht zu übertreffenden Gutartigkeit sind. Die zähen Ponys bleiben rund ums Jahr draußen, sie vertragen es nicht, aufgestallt zu werden. Die Fohlen werden sehr lange geführt, oft nutzt der Jährling mit dem neugeborenen Fohlen gemeinsam die mütterliche Milchquelle. Herr ter Hazeborg hat auch Gotland/Araber-Kreuzungen, die etwas größer und edler als die reingezogenen Gotländer sind.

In ihrer Heimat werden die Gotländer von der 'Gotlands Läns Hushållningssällskap' und dem 1920 gegründeten Zuchtverband betreut. Der Verband besitzt in der Lojster Heide ein rund 1600 ha großes Wald-und Heidegebiet, auf dem eine Herde von 30 Stuten mit einem Hengst und den anfallenden Fohlen frei laufen. Auch die Bauern Gotlands züchten ihr Waldroß weiter.

Dreimal im Jahr werden die Pferde der Lojster Heide zusammengetrieben, um die für den Verkauf bestimmten Tiere auszuscheiden, die zur Zucht tauglichen zu kören, die Tiere zu markieren; außerdem werden die Hufe dabei untersucht und, wenn nötig, in Ordnung gebracht. Verkauft werden überzählige Stuten und die – vor dem Verkauf kastrierten – Hengste.

Exterieur:

Ziemlich langer Kopf, gerader Nasenrücken, manchmal leichter Hechtkopf, verhältnismäßig große Ohren, klug und aufmerksam blickende Augen. Kurzer, etwas dicker Hals, gut ausgeprägter Widerrist, gut gelagerte Schulter, gute Brusttiefe. Rücken häufig etwas lang und weich, abfallende Kruppe. Harte, feste Beine und Hufe. Wie bei vielen Ponys steht auch der Gotländer häufig vorn zehenweit und hinten kuhhessig. Mähnen- und Schweifhaare sind dünn; üppiges Haar wäre beim Streifen durch die Wälder eher hinderlich gewesen. Das Körperhaar ist im Winter rauh, dicht und 3-4 cm lang, im Sommer kurz, glatt und glänzend. Größe: 115 cm bis 125 cm Stockmaß, selten größer oder kleiner. Farbe: überwiegend, etwa je 40%, Braune und Rappen, 10% Füchse. Die restlichen 10% sind Falben, Isabellen, Schimmel. Die Schimmelfarbe ist durch den orientalischen Hengst 'Khediven', den das Gestüt Klintebys hielt, in die Zucht gebracht worden. Verwendung: ein ideales Kinderreitpferd wegen seiner Gutartigkeit, bestechend schnell und ausdauernd gehendes Wagenpferd. Man wünschte der Rasse bei uns eine größere Verbreitung. Zuchtgebiet: Insel Gotland/Schweden, Nachzuchten Bundesrepublik Deutschland, USA. Siehe Abb. 97, 98.

Bosniake

In gebirgigen Gegenden hat das Pferd immer noch Bedeutung als Helfer des Menschen. So ist es eigentlich gar nicht verwunderlich, daß der Bosniake im pferdereichen Jugoslawien ein gutes Drittel aller vorhandenen Pferde stellt. Aber dieses zähe kleine Pferd eignet sich auch als Zugpferd in der Landwirtschaft und als Reitpferd, es ist zu allem zu gebrauchen.

Der Einfluß orientalischer Hengste machte das bosnische Gebirgspony zwar eleganter und geeigneter als flinkes Pferd für die Kavallerie, aber zugleich ungeeigneter für die Bauern des Landes, die es ja in erster Linie und zu allen Arbeiten brauchten. So bemühte man sich, den Bosniaken wieder etwas stabiler, robuster und härter werden zu lassen. Aber erst ab 1933 trat der erwünschte Wandel tatsächlich ein: man stellte im Gestüt Borike drei Hengste als Beschäler auf, die sich als Glücksgriff und erfolgreiche Vererber erwiesen. Der Bosniake ist wieder ein vielseitig verwendbares Pferdchen geworden, gleich leistungsfähig im Zug, als Tragtier und zum Reiten. Ein Hauch von Araber ist ihm häufig noch eigen – und steht ihm nicht schlecht. Siehe Abb. 81.

Exterieur:

Kleiner, sehr edler Kopf, manchmal leichter ‘Araberknick’, kleine Ohren, große, klug blickende Augen, breite Stirn. Mittellanger, gut aufgesetzter, schön getragener Hals. Gut gelagerte, aber nicht sehr schräge, muskulöse Schulter. Wenig Widerrist, kurzer, tragstarker Rücken, abfallende, kurze Kruppe mit tief angesetztem Schweif. Kräftige, kurze Beine mit trocknen Sehnen und starken Gelenken, harte, kleine, gut geformte Hufe, typische Zeichen des Gebirgspferdes, Größe: 135 cm bis 140 cm Stockmaß. Farbe: Braune und Schimmel. Verwendung: zum Tragen, Fahren, Reiten gleich gut geeignet. Bei uns bereits beliebtes Freizeitpferdchen mit gutem Charakter und viel Intelligenz. Zuchtgebiet: Bosnien, Herzegowina.

Zwerg-Hackney

Dieser kleine Bruder des großen Hackney könnte bei uns sehr viel bekannter und verbreiteter sein, wenn man den Fahrsport mit Ponys aktivieren könnte. Es ist ein Vergnügen, die kleinen Kerle mit ihren hohen, steppenden Gängen dahinfegen zu sehen. Das Ponygestüt Bumann in Gettorf bei Kiel hat eine kleine Herde Zwerg-Hackneys, und auch die nicht eingefahrenen Stuten, sogar schon der Nachwuchs, zeigen beim freien Lauf auf der Koppel die typischen Hackney-Gänge.

Diese Ponyrasse ist etwa 100 Jahre alt. Aus der Verbindung eines

Yorkshire-Hengstes mit einer Stute, deren Herkunft unbekannt ist, fiel ein Hengstfohlen, das den Namen 'Sir George' bekam, nur 142 cm groß wurde und der Stammvater des Zwerg-Hackneys ist. Später wurden noch einmal zwei Norfolk-Hengste eingekreuzt, die zur Festigung der Zucht beitrugen. Zwerg-Hackneys werden in England vom gleichen Verband betreut wie die großen Hackneys.

Exterieur:

Hübscher, edler Kopf mit sehr kleinen Ohren, lebhaft blickenden Augen. Gut aufgesetzter Hals, hoher Widerrist, steile Schulter, kräftiger Rücken, gerade, manchmal etwas abfallende Kruppe. Kräftige Gliedmaßen, Fesseln leicht schräg. Hoch angesetzter, hoch getragener Schweif. Größe: 130 cm bis 142 cm Stockmaß. Farbe: Braun, Schwarzbraun oder Schwarz. Selten weiße Abzeichen, die für den großen Hackney so typisch sind. Verwendung: temperamentvolles Fahrpony mit typischen Hackney-Gängen. Auch als Reitpferd für Jugendliche geeignet. Siehe Abb. 100.

Reitpony

Unter dieser etwas verwaschenen Bezeichnung werden in England und Deutschland Ponys eingetragen, die Kreuzungsprodukte aus reinblütigen Ponyrassen mit Vollblütern oder Arabern, auch Anglo-Arabern sind. Also veredelte, dadurch etwas größere und leichtere Ponys, Blutpferde in Miniaturausgabe. Es wird zwar großer Wert darauf gelegt, daß diese Kreuzungen die Vorteile des Ponys nicht verlieren, also hart, anspruchslos, trittsicher und von gutem Temperament sind, doch gerade in puncto Temperament können sich Probleme ergeben, die diese Pferdchen für Kinder bereits zu schwierig machen. Schon gut reitende Jugendliche sind ihnen eher gewachsen. Man muß bei der Auswahl eines sogenannten 'Reitponys' also besonders darauf achten, daß das Pferdchen nicht zuviel Temperament hat und heftig ist. Eine Beschreibung des Exterieurs erübrigt sich, da es sich um keine eigentliche Rasse handelt. Es sind durchweg sehr elegante, edle kleine Pferde mit viel Gang, häufig gutem Springvermögen, als Reit- und Fahrpferde bestens geeignet.

Manche verlangen aber eben schon den erfahrenen Reiter oder Fahrer und sind nicht gerade als Anfängerpferde für Kinder geeignet. Siehe Abb. 99.

ÜBER DIE PONYHALTUNG

Immer wieder liest und hört man, daß Ponys hart, zäh, langlebig und anspruchslos sind. Das verführt viele zu der Annahme, man brauchte sich so gut wie überhaupt nicht um das Wohlergehen eines Ponys zu kümmern, müßte es einfach nur irgendwo auf einen grünen Fleck bringen und könnte es nach Bedarf, Lust und Laune da wegholen und durch die Gegend jagen.

So geht es natürlich nicht. Es ist ein grundlegender Unterschied, ob eine Ponyherde auf einer ihrer Zahl gemäßen Weidefläche ohne weitere 'Dienstleistungen' als das Gebären von Fohlen frei herumläuft, oder ob ein mehr oder weniger regelmäßig zum Reiten oder Fahren benutztes Pony quasi unter Reitpferd-Bedingungen lebt. Grundsätzlich lassen sich alle Ponys am gesündesten 'robust' halten, also mit Weidegang und einem Stall, den sie nach Belieben aufsuchen können, wobei dieser Stall möglichst aus Holz gebaut sein soll. Bei einer Stallhaltung, wie bei Großpferden üblich, fühlen sich viele Ponyrassen ausgesprochen ungemütlich, je urwüchsiger die Rasse ist, umso mehr trifft das zu. Aber allein vom sommerlichen Weidegang kann ein Pony eben nur leben, wenn der Weidegrund von guter Qualität und ausreichender Größe ist. Nicht alles, was da grün aus der Erde sprießt, wird von Pferden abgegrast! Man muß also manchmal bei einer an sich flächenmäßig ausreichenden Weide zufüttern, weil deren Qualität zu schlecht ist. Ebenso muß darauf geachtet werden, daß Weidepferde immer genug *Trinkwasser* zur Verfügung haben, das ist oft recht problematisch, macht viel Mühe, und man sollte sich darüber Gedanken machen, bevor man eine Weide pachtet.

Die *Winterfütterung* muß auch einkalkuliert werden. Gutes Heu und Futterstroh muß gut gelagert werden, damit es nicht verdirbt. Das erfordert Stauraum. Rüben oder Mohrrüben als Saftfutter kann man vielleicht in kleinen Mengen von einem Bauern bekommen, der sie einlagert. Das mag auch für das Rauhfutter gelten, aber eine gewisse Menge muß man doch selbst lagern können. Alles Überlegungen, die unbedingt *vor* der Anschaffung eines Ponys angestellt werden müssen!

Das arbeitende Pony braucht natürlich auch Pflege, es muß geputzt werden, seine Hufe müssen in Ordnung gehalten werden. Das gilt sogar für Ponys, die nicht arbeiten und nur auf Weide gehen: die Hufe müssen ab und zu nachgesehen und berundet werden. Bei arbeitenden Ponys, die viel auf harter Straße laufen (Fahrponys), wird sich ein leichter Beschlag nicht vermeiden lassen. Damit ist natürlich längst nicht alles über Fütterung und Pflege gesagt, es sind nur ein paar Anregungen, sich intensiv mit diesen Fragen zu beschäftigen.

Noch etwas über die Langlebigkeit der kleinen Pferde. Die Kehrseite dieses Vorzugs heißt nämlich 'spätreif'. Und das bedeutet, daß ein Pony frühestens mit 4 Jahren vorsichtig 'gearbeitet' werden sollte. Sollte . . . Immer wieder kann man in Verkaufsanzeigen lesen, daß Dreijährige als 'gut geritten und gefahren' angepriesen werden. Diese Pferdchen werden also schon in der frühesten Jugend kaputt gemacht. Wer nichts von Pferden versteht, kann natürlich nicht wissen, daß er eventuell ein Pferd kauft, das schon halbwegs ruiniert ist. Es spielt dabei auch keine Rolle, ob der Reiter ein Kind war: die Relation in der Größe von Pferd und Reiter stimmt ja, also ist die Belastung auf jeden Fall vorhanden und erfolgte bei so jungen Ponys zu früh. Man kann es nicht dick genug unterstreichen: *das langlebige Pony ist entsprechend spät mit der Körperentwicklung fertig und darf erst entsprechend spät zur Arbeit herangezogen werden.*

Einen sehr wesentlichen Punkt möchte ich noch erwähnen. Wir erleben leider einen erheblichen Anstieg der *Tollwutgefahr*. Jeder sollte darum sein auf Weide gehendes Pferd nicht nur gegen *Wundstarrkrampf,* sondern vor allem auch gegen Tollwut *impfen* lassen. Die Impfung dient ja nicht nur dem Schutz des Pferdes, sondern vor allem auch dem Schutz der mit ihm umgehenden Menschen: wird das Pferd unbeobachtet von einem tollwütigen Wild verletzt, kann es nach Wochen plötzlich selbst die Tollwut bekommen. Niemand ahnte diese Gefahr, und dann müssen sich alle Menschen, die mit dem Pferd in Berührung gekommen sind, gegen Tollwut impfen lassen. Es ist die einzige Möglichkeit, einem grausamen Tod zu entgehen – aber die Schutzimpfungen sind sehr unangenehm und können schlimme Folgen haben. Es ist darum tatsächlich Selbstschutz, wenn man sein Pferd rechtzeitig und regelmäßig gegen Tollwut impfen läßt.

Niemand würde sich so aus dem Handgelenk heraus ein Großpferd kaufen, denn jeder, auch der Naivste weiß, daß das Halten eines großen Pferdes einiges voraussetzt und nicht unerhebliche Kosten verursacht. Bei den kleinen Pferden, den Ponys, fehlt hingegen nur zu häufig die Bremse der Vernunft: da möchte der Nachwuchs ein Pferdchen, und die Eltern denken: warum soll man dem Kind nicht den Spaß gönnen. So ein Pferdchen kostet kein Vermögen – und Ansprüche stellt es auch nicht. Also her damit. Und der Leidtragende ist das Pony. Auch Ponys brauchen Pflege, müssen ihrer Art gemäß gehalten, gefüttert und betreut werden. Dann allerdings sind sie hervorragende Freunde für Kinder und in den größeren Exemplaren beste Freizeitpartner für den Erwachsenen.

VOM UMGANG MIT PFERDEN

Als Pferde noch eine alltägliche Erscheinung waren, ob in der Stadt oder auf dem Lande, hatten entsprechend viele Menschen nahen Kontakt mit ihnen, wußten mit den Tieren umzugehen und kannten sich sehr genau im naturgegebenen Verhalten ihrer Pfleglinge aus. Der Arbeitskamerad Pferd wurde hoch geschätzt, aber niemand überschätzte so leicht seine Fähigkeiten. Und gerade darum ließ man es im Umgang mit Pferden nur selten an der gebotenen Vorsicht fehlen.

Inzwischen ist das Pferd aus unserem Alltag verschwunden. Nicht einmal auf dem Lande ist der Umgang mit Pferden noch 'alltäglich'. Man sollte eigentlich annehmen, daß diese mangelnde Praxis im Umgang mit Pferden die Menschen ganz allgemein besonders vorsichtig sein läßt, wenn sie irgendwo Pferden begegnen. Aber erstaunlicherweise ist genau das Gegenteil der Fall. Ich beobachte immer wieder mit gelindem Entsetzen, mit welch unglaublicher Naivität sich Erwachsene und Kinder Pferden nähern. Von Vorsicht keine Spur: daß ein Pferd allein durch seine große Körperkraft, aber auch durch Beißen und Schlagen Unheil anrichten kann, ist offenbar ganz unbekannt. Woran liegt das?

Viel Schuld daran tragen sicher die Mattscheiben-Märchen, in denen überaus wohldressierte Tiere den von keinerlei Sachkenntnis belasteten Betrachtern ein Pferdebild vorspiegeln, das mit der Wirklichkeit nichts, aber auch garnichts zu tun hat, außer der Tatsache, daß Pferde sich hervorragend abrichten lassen. Von der wahren Natur der Pferde, ihrem wahren Verhalten, erfährt man auf diese Weise nichts. Kommt es dann zwischen diesen 'falsch gepolten' Pferdefreunden und lebenden Pferden zu einer Begegnung, identifiziert der Mensch sie mit den vierbeinigen Mattscheibenstars und will entsprechend sorglos mit ihnen umgehen: Pferde sind ja soo klug ... Sind sie es wirklich?

Wer viel mit Tieren zu tun hat, ob nun mit Pferden oder Hunden, Katzen, Vögeln, weiß genau, daß es bei ihnen genau so klare Abstufungen in puncto Intelligenz gibt wie bei uns Menschen, daß man die Art der tierlichen Intelligenz aber nicht in Vergleich zu menschlicher Intelligenz setzen darf. Ob ein Pferd sehr klug, mittelmäßig begabt oder einfach dumm ist, läßt sich nur am Intelligenzgrad seiner Artgenossen messen. So gesehen, ist die Frage, ob Pferde klug sind, unlogisch. Es gibt hochintelligente und schrecklich dumme Pferde; die Frage muß also lauten: gibt es Intelligenzunterschiede bei Pferden?

Und diese Frage läßt sich mit einem ganz klaren 'Ja' beantworten. In diesem Zusammenhang ist die Aussage zweier bekannter Springreiter recht interessant: beide sagten, sie hätten es lieber mit nicht so klugen Pferden zu tun. Das mag verblüffend klingen, läßt sich aber erklären: ein sehr intelligentes Pferd ist sehr viel eher geneigt, anderer Ansicht zu sein als sein Reiter, als das weniger kluge, das sich ganz auf seinen Herrn verläßt und ohne Murren tut, was er von ihm verlangt. Das muß aber nun nicht heißen, es sei generell leichter, mit einem dummen Pferd umzugehen als mit einem klugen. Dumme Pferde können einem sehr zu schaffen machen. Unter den vielen Pferden, mit denen ich zu tun hatte, waren die unterschiedlichsten Temperamente und Intelligenzgrade vertreten, wobei die Kombination 'temperamentvoll und dumm' die unangenehmste war.

Beschäftigen wir uns nun erst einmal mit den naturgegebenen *Verhaltensweisen* des Pferdes. Je mehr man darüber weiß, um so leichter wird man elementare Fehler im Umgang mit Pferden vermeiden, weil man eben weiß, wie die Tiere auf dieses und jenes reagieren können.

Pferde sind von Natur aus schreckhaft. Ihr Hang zum Scheuen wird ihnen häufig als 'Dummheit' angekreidet. Dabei handelt es sich – aus Pferdesicht betrachtet – um eine äußerst vernünftige Handlung von lebensrettender Bedeutung. Das schnellfüßige, aber sonst nicht gerade mit 'Waffen' ausgerüstete Herdentier Pferd darf nicht erst lange überlegen, ob das, was es erschreckt, eine echte Gefahr sein könnte, es muß sich so schnell wie möglich aus der Gefahrenzone entfernen: die leichteste Bewegung im hohen Gras kann ja ein lauernder Feind verursacht haben.

Gewiß lauern auf unsere domestizierten Rösser keine Raubtiere mehr. Aber ihre natürlichen Instinkte sind noch recht gut erhalten, und so kann es eben vorkommen, daß ein Pferd aus den in unseren Augen lächerlichsten Anlässen scheut oder gar durchzubrennen versucht. In den meisten Fällen glückt es mit viel Geduld und kleinen Tricks, das leicht scheuende Pferd von seiner Angst vor bestimmten Dingen zu befreien. Es sei aber hinzugefügt, daß manche Pferde aus purem Übermut 'scheuen'. Sie meinen es garnicht ernst, sie tun nur so als ob, weil ihnen der Seitensprung Spaß macht. Der nicht darauf vorbereitete Reiter kann selbstverständlich auch dabei aus dem Sattel geraten. Bei sehr jungen Pferden und solchen, die länger gestanden haben, ist immer Aufmerksamkeit angebracht, bis sie ihren 'Stallmut' abreagiert haben.

Ausgesprochen böse Folgen kann die angeborene *Schreckhaftigkeit* der Pferde haben, wenn jemand ein dösendes Pferd ohne 'weckenden' Anruf nur mit einem Klaps auf das Hinterteil ermuntern will. Die Natur hat dem derart aufgeschreckten Pferd eine gefährliche Reaktion mitgegeben, es schlägt blitzschnell aus. Nicht aus Bosheit, sondern weil das in der freien Wildbahn seine letzte Chance wäre, den bereits körpernahen Feind noch abzuwehren. Darum also tritt man niemals von hinten an ein Pferd heran, ohne es deutlich durch Zuruf auf sich aufmerksam gemacht zu haben, erst wenn es darauf reagiert, geht man zu ihm in den Stand.
Eine weitere Veranlagung der Pferde kann Probleme schaffen, die zwar selten zu ernsthaft gefährlichen Situationen führen, aber viele ärgerliche Situationen verursachen können: ihr *Herdentrieb*. Jedes Herdentier ist bestrebt, sich in der Nähe seiner Artgenosse aufzuhalten. Dieses ganz natürliche Verhalten führt bei viele Pferden dazu, daß sie sich nur schwer oder auch garnicht aus de Gesellschaft anderer Pferde lösen lassen, daß man sie allein nicht einmal vom Stall wegbringt, in dem die Genossen zurückbleiben. Man nennt dieses Beharren auf Gesellschaft 'kleben'. Solange ein solches Pferd im Pulk geht, kann es das beste und bravste von allen sein, willig und fleißig gehen, das Idealbild eines angenehmen Reitpferdes bieten, Wehe aber, man versucht, es von den anderen zu entfernen! Notorische 'Kleber' können sich bis zum Exzess erregen, sie steigen und überschlagen sich eher, als daß sie sich auch nur einige Meter von den anderen entfernen lassen. Und dann wird aus dem Ärger mit dem Kleber eine Gefahr. Besonders der Einzelreiter muß sich beim Kauf eines Pferdes davon überzeugen, daß das Tier sich ohne Schwierigkeiten nicht nur vom Stall, sondern auch unterwegs aus der Gesellschaft anderer Pferde wegreiten läßt. Wie viele unserer Pferde müssen einzeln leben – das läßt sich nun einmal nicht vermeiden, denn wer kann schon gleich mehrere Pferde halten? Sicher ist das an sich gegen ihre Natur, aber alle Tiere, die das Leben der Menschen teilen, müssen für manche Annehmlichkeit, die ihnen dieses Zusammenleben bringt, mit Abstrichen an ihrer naturgegebenen Lebensweise zahlen.
Scheuen – Ausschlagen – Kleben – Steigen. Erklärliche Verhaltens-

weisen des Pferdes, die man im Umgang mit ihm einkalkulieren muß, wenn man sich vor Schaden bewahren will.
Aber Pferde können auch *beißen*, und zwar sehr schmerzhaft. Da wollen Kinder Ponys irgendwo auf einer Koppel streicheln oder füttern, sie rupfen ein paar Grashalme aus und halten sie dem Pferd arglos hin. Das schnappt schnell zu, sehr hastig, weil es den Happen seinen herandrängenden Artgenossen nicht gönnt. Dabei achtet es natürlich nicht auf die kleinen Kinderfinger, und das Kind kann froh sein, wenn es bei einer schmerzhaften Quetschwunde bleibt. Es gibt natürlich auch ausgemacht unfreundliche Pferde. Ich vermeide bewußt das Wort 'bösartig'. Nur sehr wenige Pferde werden mit einer schlechten Charakteranlage geboren, zu 95% ist falsche Behandlung durch den Menschen daran schuld, wenn ein Pferd zum Beißer oder Schläger, zu dem, was man einen 'Verbrecher' nennt, wird. Aber derart verdorbene Pferde sind natürlich eine Gefahr, ganz einerlei, ob der Mensch daran schuld ist oder tatsächlich eine schlechte Veranlagung. Im Umgang mit solchen Pferden ist allergrößte Vorsicht geboten, sie beißen, schlagen und treten sogar steigend mit den Vorderhufen nach dem Menschen. Der Unerfahrene erkennt nicht, ob das Pferd, das er eben mal streicheln will, zu der gefährlichen Kategorie gehört, und wird von der Attacke überrascht. Der Erfahrene ist bei fremden Pferden *immer* vorsichtig, beobachtet Ohrenspiel und Augen und weiß, vor welchen Tieren er sich in acht nehmen muß.
Aber auch lammfromme Pferde können Gefahren heraufbeschwören, und das gerade im Sommer während der Fliegenplage. Während sie sich ganz friedlich streicheln lassen, schlagen sie urplötzlich mit dem Kopf, weil sie eine stechende Fliege vom Körper verscheuchen wollen. Wer solch harten Pferdeschädel an seinen Kopf bekommt, kann von Glück sagen, wenn es bei einer Beule bleibt!
'Pferde sind gefährliche Tiere: vorne beißen sie und hinten schlagen sie!' Das ist die Meinung vieler, denen Pferde ein paar Nummern zu groß sind. Aber so ist es nun auch wieder nicht. Gefahr bedeuten sie nur für den, der leichtsinnig mit ihnen umgeht, der nichts von ihnen weiß und sein Pferdebild von der Mattscheibe oder aus unsachgemäßen Veröffentlichungen bezieht.

Unfälle durch Pferde nehmen in erschreckendem Maß zu. Das ist aber nicht den Pferden zuzuschreiben. Die – an sich erfreuliche – Ausweitung des Reitsports trägt hier leider auch sehr faule Früchte: 'Ausbildung' auf die Schnelle, die keine Ausbildung ist, Fahrlässigkeit und naive Selbstüberschätzung der angehenden 'Reitkünstler', absolute Unkenntnis der Pferdepsyche lassen den Umgang mit Pferden zu einem gefahrvollen Unternehmen werden. Jeder, der sich an das Steuer eines Autos setzen will, muß das Fahren erst lernen, eine entsprechende Prüfung ablegen. Und der Fahrlehrer muß selbstverständlich auch erst seine Befähigung zu dieser Tätigkeit durch entsprechende Lehrgänge und Prüfungen nachgewiesen haben. 'Reitlehrer' aber kann sich jeder nennen, der dazu Lust verspürt oder sich aus dieser Tätigkeit einen Gewinn verspricht. Auf ein Pferd steigen und mit ihm losjagen kann ebenfalls jeder, ohne den geringsten Nachweis erbringen zu müssen, daß er mit Pferden umgehen und reiten kann. Kann man sich bei den Voraussetzungen wirklich noch wundern über die Zunahme der Unfälle durch Pferde und mit Pferden?

Alles, was hier angeführt wurde, gilt nicht nur für Großpferde, es gilt sogar ganz besonders auch für den Umgang mit Ponys. Wirkt die Größe des normalen Pferdes vielleicht noch respekteinflößend, so versagt diese psychologische Bremse bei den 'niedlichen' Ponys allzuleicht völlig. Dabei sind die Reaktionen der urwüchsigen Ponys noch sehr viel naturnäher als die ihrer großen Brüder, sie sind außerdem meist viel sturer, als ein Großpferd es ist. Ponys als harmloses Kinderspielzeug anzusehen, kann verhängnisvolle Folgen haben. Will man sein pferdebegeistertes Kind vor Schaden bewahren, läßt man ihm erst eine gründliche Ausbildung im Umgang mit den kleinen Pferden und Reitunterricht zuteil werden, bevor man ihm den Wunsch nach einem eigenen Pferd erfüllt. 14 Tage auf irgendeinem Ponyhof genügen dazu nicht ...

Und auch dem Erwachsenen genügen keine 14 Urlaubstage, um perfekt im Umgang mit Pferden oder gar ein guter Reiter zu werden. Wer das verspricht, schwindelt. Pferde sind keine Maschinen, und jedes Pferd reagiert auf seine Weise. Zügel sind keine Bremsen und Sporen kein Gashebel: das alles und noch sehr, sehr viel mehr muß

der der Technik hörige Mensch von heute begreifen lernen, wenn er statt eines Autos ein Pferd in Bewegung setzen will.
Umgang mit Pferden kann etwas Herrliches sein. Man muß nur die richtige Einstellung haben und sich darüber klar sein, daß man auch das erst lernen sollte!

ÜBER DIE PFLEGE DES PFERDES

Viele Reiter haben leider keine Ahnung davon, wie ein Pferd gepflegt werden muß. Sie kommen zur Reitstunde, erklimmen das gesattelt bereitstehende Roß und liefern es nach der Stunde wieder an den Stallmann ab, ohne sich um das weitere Ergehen ihres 'Kameraden' zu kümmern.
Natürlich sollte es anders sein. Und wem es wirklich Ernst ist mit seiner Liebe zum Pferd, der wird auch wissen und lernen wollen, wie das Tier im Stall versorgt, gepflegt, gesattelt (oder auch eingespannt) wird. Das alles muß man genauso lernen wie den Umgang mit Pferden, das Reiten oder Kutschieren. Und erst bei dieser intensiven Beschäftigung mit dem Pferd, wenn man es selbst pflegt, sattelt, einspannt, wächst man wirklich mit seinem Pferd zusammen, man lernt es von einer ganz anderen Seite kennen – und manchmal sogar von einer recht schwierigen. Empfindliche Pferde oder solche, die schlechte Erfahrungen gemacht haben, können sowohl beim Putzen als auch beim Satteln allerlei Theater machen. Ich bin einmal von einem neu gekauften Pferd kräftig in die Seite gebissen worden, als ich den Sattelgurt anziehen wollte. 'Jerry', ein Ire, mochte das nicht so gern – was ich ja nicht wissen konnte. Er hat mich aber nur das eine Mal erwischt, es war schmerzhaft genug. In Zukunft nahm ich den rechten Zügel kurz über Jerrys Hals, so daß er den Kopf nicht zu mir herumdrehen konnte. Er muß wenig gute Erfahrungen mit Pflegern gemacht haben, denn er war anfangs sehr kopfscheu. Das ist fast immer ein Zeichen, daß ein Pferd Schläge an den Kopf bekommen hat. Nach einigen Wochen bei mir faßte er wieder Zutrauen und ruckte nicht mehr sofort mit dem Kopf hoch, wenn

man zu ihm trat, er ließ sich brav aufzäumen und gewöhnte sich sogar seine Empfindlichkeit gegen das Nachgurten ab. Man weiß durch den täglichen intensiven Umgang mit seinem Pferd bald jedes Ohrenzucken, jede Kopfbewegung zu deuten und lernt bei jedem Pferd wieder etwas dazu: eine Erfahrung, die ich lange Jahre hindurch mit meinen ausschließlich von mir selbst betreuten Pferden gemacht habe.

Gewiß ist nicht jeder Pferdefreund in der glücklichen Lage, sein Pferd im Stall beim Haus zu haben und sich so täglich um das Tier kümmern zu können. Aber auch der Reiter eines Verleihpferdes kann diese Dinge lernen, er sollte es sogar. Vorbedingung: einen Stall zu finden, der nicht nur mehr oder weniger guten Reitunterricht gibt, sondern auch Kurse in Pferdepflege, im Satteln und der Pflege des Geschirrs abhält. Diese Institute haben im übrigen fast immer auch erfahrene Reitlehrer.

Was braucht man nun an *Utensilien zur Pferdepflege?*

Eine *Kardätsche*, eine Bürste, die Naturborsten haben sollte.

Einen *Striegel*, er ist auch heute noch oft aus Metall, obwohl es jetzt einen sehr viel besseren aus Kunststoff gibt, den sogenannten *Schwedenstriegel* oder *Finnenstriegel*. Während man mit dem alten *Metallstriegel* nur die fleischigen Teile des Pferdekörpers bearbeiten kann, ist der Schwedenstriegel selbst an den Gelenken anzuwenden, ohne daß es dem Pferd unangenehm ist. Mit dem Metallstriegel darf man nur vorsichtig den Schmutz lösen, er ist hauptsächlich zum Abstreichen der Bürste da.

Einen *Mähnenkamm*, meist aus Aluminium, nur bei langer Mähne nötig.

Zwei *Wurzelbürsten*, je eine für den Schweif und für die Hufe.

Zwei *Schwämme*, einen zum Säubern von Nüstern und Augen, einen zum Säubern von After, Euter und den Geschlechtsteilen.

Einen *Hufkratzer*, das ist ein Metallhaken zum Auskratzen der Hufe.

Eine Dose *Huffett* mit Bürste zum Einfetten der Hufe.

Das *Putzen* geht so vor sich:

Das Pferd wird in die Stallgasse geführt und angebunden – bei gutem Wetter putzt man draußen. Bei kitzligen Pferden empfiehlt es sich, sie mit zwei Stricken nach beiden Seiten anzubinden, sie können dann nicht so leicht beißen. Vorsicht ist vor allem bei rossigen Stuten geboten. Im allgemeinen empfinden Pferde das Putzen aber als angenehm, doch bestätigen auch hier Ausnahmen die Regel. Nun lockert man mit dem *Striegel* den Schmutz im Fell. Natürlich muß man dabei mit Fingerspitzengefühl vorgehen, besonders mit dem Metallstriegel, und darf nicht einfach drauflos kratzen! Den nächsten Arbeitsgang erledigt man mit der *Kardätsche*, mit ihr wird die eigentliche Fellreinigung vollzogen. Man nimmt die Kardätsche in die rechte, den Striegel in die linke Hand. Nach je zwei Bürstenstrichen werden an der Bürste sitzende Haare und der Staub an dem Striegel abgestrichen. Man sieht, wie die Rillen des Striegels sich mit dem Schmutz füllen und klopft ihn nach Bedarf auf dem Stallboden aus. Das Pferd wird – angefangen am Genick – von vorn nach hinten gründlichst durchgebürstet, es muß nach dieser Prozedur richtig glänzen.

Am Kopf muß man besonders vorsichtig sein, um dem Pferd nicht weh zu tun und es damit kopfscheu zu machen. Man faßt in das Halfter, damit der Pflegling den Kopf stillhält, bürstet – falls vorhanden – den Stirnschopf und säubert mit einem nassen *Schwamm* die Nüstern und die Augenwinkel. Nun wird Mähne und Schweif mit der *Wurzelbürste* durchgearbeitet, die Beine mit der *Kardätsche* gesäubert. Als letzten Arbeitsgang nimmt man sich die *Hufe* vor. Nacheinander muß das Pferd alle vier Beine auf Kommando anheben, mit dem *Hufkratzer* entfernt man den Stallmist. Wenn nötig, werden die Hufe dann mit Wasser gesäubert. Eingefettet werden die Hufe nur dann, wenn man nicht gleich ausreiten oder fahren will, das Fett also einziehen kann. Frisch eingefettete Hufe würden sich sonst in der Bahn oder draußen schnell mit einer klebrigen Schmutzkruste bedecken. Wird das Pferd gleich nach dem Putzen zur Arbeit herangezogen, muß das Einfetten der Hufe nach dem 'Abwarten' geschehen.

Abwarten – auch das gehört zur Pflege und heißt, daß das Pferd nach getaner Arbeit nicht einfach wie ein gebrauchter Gegenstand in den Stall gestellt wird, sondern daß man es nach dem Absatteln oder Ausspannen versorgt. Es hat vermutlich geschwitzt, es ist staubig geworden. Schweiß und Staub werden entfernt, das nasse Pferd trockengerieben. Natürlich soll ein Pferd, das vom Ausritt heimkommt, nicht 'naß' an die Stalltür gebracht werden, der gute Reiter sorgt dafür, daß eine entsprechende Strecke zum Schluß im Schritt geritten wird, damit das Pferd sich entspannen kann. Aber bei großer Hitze schwitzt das Pferd stark nach, und dann muß man eben darauf achten, daß es nicht klitschnaß im Stall steht und sich erkältet. Viel ungefährlicher ist es übrigens, wenn das Pferd dann auf die Weide gelassen wird. Dort kann es sich wälzen und ist zwar frischer Luft, aber keiner Zugluft ausgesetzt. Zum Abwarten gehört auch die genaue Kontrolle aller vier Hufe. Kleine Steine können sich eingeklemmt haben und zu Lahmheit führen, wenn sie nicht entfernt werden. Dann wäscht man die Hufe, und nun können sie auch eingefettet werden. Im Sommer tut ein Abduschen mit dem Gartenschlauch dem Pferd gut, zumindest die Beine sollte man abspritzen.

Zum *Abwarten* gehört auch, daß Sattel und Zaumzeug ordentlich verwahrt werden. Die Trense wird abgespült und niemals schmutzig weggehängt, der Sattel muß mit hochgezogenen Bügeln und übergeschlagenem Gurt luftig auf den Sattelbock gehängt werden. Das ist die Grundlage einer Pferdepflege, die man beherrschen sollte.

Indirekt gehört dazu auch die Pflege der 'Pferdekleidung', also des *Sattels*, des *Zaumzeugs* oder des *Fahrgeschirrs*. Sind diese Dinge nicht in Ordnung, passen Sattel, Zaumzeug und Fahrgeschirr dem Pferd nicht richtig, kann es keine gute Arbeit leisten, weil es Schmerzen hat oder zumindest Unbehagen verspürt. Pferde sind keine genormten Maschinen, jedes Pferd hat – buchstäblich – 'seinen eigenen Kopf', dem das Zaumzeug genau angepaßt sein muß. Es kommt auf jedes Riemchen dabei an: ein falsch sitzender Nasenriemen, eine nicht passende Trense können das Pferd erheblich quälen. Darum muß jedes Pferd sein ganz persönliches Kopfzeug haben, das für eben dieses Pferd verschnallt wurde. Das gilt weitgehend auch für den Sattel, denn längst nicht jeder Sattel paßt auf jedes Pferd. Diese Dinge müssen von einem erfahrenen Pferdepfleger in Ordnung gebracht werden, der dem Neuling genau zeigen soll, worauf es ankommt, was richtig und was falsch ist. Und vor dem Aufsitzen überzeugt der gute Reiter sich selbst, ob Zaumzeug und Sattel richtig sitzen, alle Schnallen auch wirklich zugeschnallt sind, die Satteldecke keine Falten wirft.

Die gleiche Sorgfalt muß der Fahrer anwenden. Auch das Kopfzeug des Kutschpferdes muß genau angepaßt werden. Ob Brustblattgeschirr oder Kumt: das eine muß für das Pferd verschnallt werden, das andere dem Pferd genau passen. Beim Anschirren mit dem Kumt ist Vorsicht angebracht, wer einem Pferd das Kumt grob über den Hals stülpt, muß sich nicht wundern, wenn das Pferd sich nicht wieder anschirren lassen will! Und so wie der Reiter, selbst wenn ihm das Pferd fertig gesattelt vorgeführt wird, sich selbst zu überzeugen hat, ob alles in Ordnung ist, so muß sich auch der Fahrer vergewissern, daß alle Schnallen zugeschnallt sind, die Stränge richtig befestigt wurden und die richtige Länge haben, bevor er auf den Bock steigt. Selbstverständlich muß das ganze *Lederzeug* von bester Beschaffenheit sein, brüchige Riemen können lebensgefährlich werden. Das gilt besonders für den *Sattelgurt* und die *Fahrleine*.

Eine sorgfältige Pflege aller Geschirre ist nötig, um das nicht gerade billige Lederzeug lange in gutem Zustand zu halten. Auch das muß man lernen, und es ist garnicht so einfach, nach einer Generalreinigung, bei der alles in seine Einzelbestandteile zerlegt wird, die Dinge wieder richtig zusammenzufügen. Übung macht auch hier den Meister. Anfangs denkt man, das bekommt man nie wieder in Ordnung – aber es lernt sich . . .

Alle *Geschirre* sollen möglichst nicht im Stall, sondern in einer Kammer extra untergebracht werden, da der Ammoniakdunst im Stall dem Leder nicht besonders gut bekommt. Sattelbock und Aufhängevorrichtungen für Zaumzeug und Geschirre lassen sich z.B. gut mit in der Futterkammer unterbringen.

So viel über die Pflege des Pferdes und seine 'Kleidung'. Die Feinheiten lernt man allerdings nur in der Praxis . . .

Wenn ich früher lange Ritte machte, war es selbstverständlich, daß ich mein Pferd während der Rast am Weg- oder Wiesenrand grasen ließ. Heute kann man das nicht mehr so ohne weiteres riskieren. In den letzten 10 bis 15 Jahren sind Gefahren entstanden, die es früher nicht gab und die sich laufend steigern. Ich meine den sich ständig ausweitenden Einsatz von chemischen Giften in der Natur, ob es sich nun um Insekten- oder Unkrautvernichtungsmittel handelt. Wo früher der Wegrand, der Graben ausgemäht wurde, wird heute rasch eine Chemikalie versprüht: das ist natürlich sehr viel einfacher, doch für die Tiere, die vom frisch besprühten Grün naschen, eine große Gefahr.

Auch die modernen Fliegenbekämpfungsmittel scheinen mir nicht ganz so harmlos zu sein, wie sie hingestellt werden. Allergien gegen die darin enthaltenen Stoffe kommen sicher nicht nur bei uns Menschen vor. Husten oder Atembeschwerden bei Pferden, in deren Stall solche Fliegenstrips hängen, können durchaus darauf zurückzuführen sein. Man sollte in so einem Fall immer sofort die Strips entfernen und beobachten, ob der Zustand der Pferde sich dann bessert.

Vor den giftigen Pflanzen, die die Natur in reichem Maß wachsen läßt, warnt die Tiere im allgemeinen ihr Instinkt. Aber auch nicht immer. So kommt es hin und wieder vor, daß ein Pferd an dem hochgiftigen Taxus knabbert und elend eingeht. Man sollte genau darauf achten, daß dieses Gewächs auf keinen Fall in Reichweite von Pferdemäulern steht!

Eine in den letzten Jahren rapide angestiegene Gefahr ist die sich ständig weiter ausbreitende *Tollwut*. Kein Weidepferd ist vor einer Begegnung mit einem tollwütigen Wildtier sicher, darum müssen alle auf Weide gehenden Pferde jährlich gegen Tollwut geimpft werden.

Noch eine sehr erhebliche Gefahr sei hier angeprangert: die Infektion mit *Wundstarrkrampf*. Eine kleine Verletzung, wie sie sich besonders Weidepferde leicht zuziehen, ebenso eine Vernagelung

beim Beschlagen genügt, um diese fast immer tödliche Erkrankung hervorzurufen. Auch hier ist eine *vorbeugende Impfung* möglich, macht der Pferdebesitzer davon keinen Gebrauch, handelt er grob fahrlässig.
Daß Weiden in der Nähe vielbefahrener Autostraßen einen gefährlich hohen Bleigehalt aufweisen, ist bekannt. Bei 'unerklärlichen' Krankheitssymptomen von Tieren, die auf solchen Koppeln grasen, sollte man auch die Möglichkeit einer Bleivergiftung erwägen.
Umweltgefahren hat es immer gegeben, aber sie waren 'früher' natürlicher Art, während man jetzt alle jene neuen Bedrohungen einbeziehen muß, die eine Begleiterscheinung der auf anderen Gebieten nützlichen chemischen Mittel sind. Daran muß jeder Reiter denken und darauf achten, daß sein Pferd nur dort grast, wo ihm das Grün mit Sicherheit keinen Schaden bringen kann.

PFERDEKAUF – VERTRAUENSSACHE?

Schön wäre es ja. Aber besser als Vertrauen ist bei diesem schwierigen Geschäft ein nüchterner Sachverstand. Der Gesetzgeber hat zwar einige Sicherungen zum Schutz des Pferdekäufers vorgesehen, es sind die sogenannten 'Hauptmängel' oder 'Gewährsmängel', für die der Verkäufer des Pferdes zu haften hat. Das aber auch nur in einem begrenzten Zeitraum.
Diese *6 Hauptmängel* des Pferdes sind:
Rotz, eine sehr gefährliche Infektionskrankheit, die durch den Rotzbazillus übertragen wird und auch den Menschen befallen kann.
Dummkoller, eine unheilbare Gehirnerkrankung.
Kehlkopfpfeifen oder *Rohren*, eine sehr schwere chronische Luftröhren-und Kehlkopferkrankung.
Dämpfigkeit, schwere Atemnot durch chronische, unheilbare Erkrankung von Herz und Lunge.
Periodische Augenentzündung, eine entzündliche Veränderung des

inneren Auges, wird durch Infektionskrankheiten hervorgerufen. *Koppen,* die Pferde pumpen sich voll Luft und neigen dadurch besonders stark zu Kolik.

Der Verkäufer eines Pferdes haftet also dafür, daß das Pferd keinen dieser sechs Hauptmängel hat, aber nur bis 14 Tage nach Kaufabschluß. Merkt man auch nur einen Tag später, daß das Pferd einen dieser Mängel besitzt, nützt keine Reklamation mehr. Innerhalb der gesetzlichen Frist von 14 Tagen muß der Verkäufer ein beanstandetes Pferd zum vollen Preis zurücknehmen. Ein Tierarzt muß den Mangel feststellen, das Attest fügt man dem Schreiben bei, mit dem man den Kauf rückgängig macht und das natürlich per Einschreiben an den Verkäufer gehen muß.

Leider sind diese Hauptmängel nicht die einzigen Macken, die ein Pferd haben kann, es gibt deren ungezählte. Man muß aber gerechterweise bedenken, daß es wohl kaum ein Lebewesen ohne Fehler gibt – es kommt nur darauf an, welche Fehler man akzeptieren kann oder mag und welche nicht. Bedenken Sie auch bitte, daß Sie alle Abmachungen mit dem Verkäufer des Pferdes schriftlich festlegen müssen! Es nützt garnichts, wenn er Ihnen mündlich versichert, daß das Pferd kein Steiger oder Kleber ist, daß es straßensicher und lammfromm in der Schmiede ist, wenn sich nachher herausstellt, daß es das alles keineswegs ist oder munter steigt und klebt. Nur, was *schriftlich* bestätigt wird, hat Gültigkeit. Machen Sie sich eine Liste von jenen Eigenschaften, die Sie keinesfalls bei Ihrem Pferd erleben möchten. Und kaufen Sie kein Pferd auf die Schnelle. Ideal ist es, wenn man ein Pferd über längere Zeit hinweg beobachten, vielleicht selbst reiten (oder fahren) konnte, es im Stall betreut hat. Dann kann man mit einiger Sicherheit wissen, was man sich einhandelt.

Der Anfänger sollte sich auch nicht davor scheuen, ein älteres Pferd zu kaufen. Zweimal Anfänger, also ein ungeübter Reiter auf einem jungen Pferd, das ja auch erst noch lernen muß, ergibt selten jene Harmonie, die das Ziel der Gemeinschaft Mensch-Pferd ist. Ein älteres, erfahrenes Pferd hingegen bringt seinem Reiter noch so manches bei und läßt sich auch nicht durch Fehler, die er macht, so leicht aus der Ruhe bringen.

Daß man auch als Erwachsener sehr wohl *Ponys* reiten kann, sei nochmals betont. Gewiß sollte ein Zwei-Zentner-Mann sich nicht gerade auf ein Pony schwingen, auch wenn so manches Pony diese Last ohne weiteres verkraften würde. Aber es gibt eine ganze Reihe Ponys, die sich hervorragend auch für Erwachsene eignen, so den Haflinger, das Connemara oder das Norske Fjordpony, von den stabilen Isländern ganz zu schweigen. Wer allerdings Turnierehrgeiz hat, ist als Erwachsener mit einem Großpferd besser beritten. Von Spezialturnieren abgesehen kommt er sonst nicht an das Ziel seiner Wünsche.

Aber ob nun Großpferd oder Pony: Pferdekauf ist schwierig! Und nur selten Vertrauenssache. Nicht das gläubige Herz, sondern das kühl musternde Auge des Fachmannes sollte den Ausschlag geben. Und daß auch diese Weisheit nur blasse Theorie ist, weiß die Autorin aus eigener Erfahrung. Daher zu guter Letzt ein nützlicher Rat: Wer ein Pferd kaufen möchte, sollte einen zuverlässigen Fachmann zuziehen, am besten einen pferdeerfahrenen Tierarzt. Wer täglich Umgang mit Pferden hat, wer sie liebt und versteht, wird es selbst erleben, daß das 'Glück dieser Erde auf dem Rücken der Pferde' liegt.

ERKLÄRUNG DER FACHAUSDRÜCKE

Aalstrich	=	Kennzeichen des Wildpferdes, dunkler Streifen, der sich vom Scheitel bis in die Schwanzwurzel zieht. Bei vielen Ponyrassen noch vorhanden.
Abwarten	=	ein Pferd nach dem Ausritt oder der Ausfahrt von Schweiß und Staub befreien.
Abzeichen	=	verschieden große und unterschiedlich geformte weiße Haarflecke an Kopf und Beinen, die das Pferd von Geburt an hat und die sich nicht verändern.
Aktion	=	Das Pferd hat eine 'hohe Aktion', wenn es im Trab die Vorderknie sehr hoch anhebt, eine 'raumgreifende Aktion', wenn es mit langen Schritten vorwärts geht.
Armorikaner	=	Pferd der Bretagne, des alten Armorikum.
Araberknick	=	leichter konkaver Knick im unteren Nasenbein, typisch für den Araber.
Axthieb	=	Kerbe zwischen dem Kammrand und dem Widerrist.
Behang	=	Behaarung an den Fesseln und an der Hinterseite der Röhre.
Beschäler	=	Zuchthengst. Ist der Eigentümer ein Landgestüt, so nennt man ihn 'Landbeschäler', gehört er dem Hauptgestüt, 'Hauptbeschäler'.
Brandzeichen	=	am Hals oder Keule eingebranntes Zeichen zur Herkunftsbestimmung.
Blesse	=	weißes Abzeichen am Kopf.
Brusttiefe	=	Partie zwischen Widerrist und Brustbein.

CHI	=	'Concours Hippique International', Turniere, an denen sich auch Ausländer beteiligen.
CHIO	=	'Concours Hippique International Officiel', im offiziellen Organ der internationalen Pferdebehörde angekündigtes Turnier.
Cob	=	kleiner, stämmiger, kraftvoller englischer Pferdetyp.
Deckgeld	=	auch Decktaxe, unterschiedlich hohe Summe, die der Stutenbesitzer an den Hengsthalter für das Decken der Stute zahlen muß.
Derby	=	Das erste Derby wurde 1780 in England gelaufen, es geht über eine Distanz von 2400 m und ist ausschließlich für dreijährige Vollblüter zugelassen.
Exterieur	=	das Gebäude bzw. äußere Erscheinungsbild des Pferdes.
Falbe	=	gelblichweiß gefärbtes Pferd mit dunklem Hautpigment. Hufe, Schweif- und Mähnenhaar sind beim Falben dunkel.
FEI	=	'Fédération Equestre Internationale'. In der Internationalen Reiterlichen Vereinigung mit Sitz in Brüssel sind alle nationalen Pferdesportverbände zusammengeschlossen.
Flehmen	=	Aufstülpen der Oberlippe. Das Flehmen dient der verstärkten Aufnahme von Geruchsreizen. Siehe Abb. 48.
FN	=	'Fédération Equestre Nationale', wird in Deutschland als Abkürzung für 'Deutsche Reiterliche Vereinigung' (Sitz in Warendorf) benutzt.
Fohlen	=	junges Pferd.
Gangarten	=	Normalerweise gehen Pferde drei Gang-

arten, Schritt, Trab, Galopp. Manche Rassen gehen noch Paß und Tölt.

Gebäude = der anatomische Körperbau des Pferdes.

Gebiß = Teil der Zäumung.

General Stud Book = englisches Stutbuch für Vollblüter (GSB).

Gewährsmängel = Mängel, für die der Verkäufer eines Pferdes nach dem Gesetz haften muß, aber nur während einer bestimmten Frist nach dem Verkauf.

Gewichtsträger = ein Pferd, das auch schwergewichtige Reiter tragen kann.

Halbblut = in Deutschland ein Pferd, das zur Hälfte Vollblut in seinen Adern führt, sonst Bezeichnung für edle Warmblutpferde.

Hauptgestüt = staatliches Pferdezuchtgestüt.

Hauptmängel = siehe Gewährsmängel.

Hengst = männliches Pferd.

Hengstleistungsprüfungen = in Deutschland vom Tierzuchtgesetz vorgeschriebene Leistungsprüfung für alle 3 1/2 - bis 5 1/2-jährigen Hengste, die in der Warmblut- oder Araberzucht eingesetzt werden.

Hippologie = Pferdekunde.

Isabellen = gelblichweiß gefärbte Pferde, die stets weißes Mähnen-und Schweifhaar und helle Hufe haben.

Kaliber = das Verhältnis von Körpergröße zum Gewicht des Pferdes.

Kaltblut = schwere Arbeitspferde, deren normale Gangart der Schritt ist.

Karossier = speziell als Kutschpferd benutztes, meist schweres Warmblutpferd mit oft hoher Knieaktion.

Kleben = an sich natürliches Verhalten eines Her-

		dentieres, das sich in freier Wildbahn nicht von den Artgenossen trennen darf. Beim domestizierten Pferd unangenehme Eigenschaft, wenn es nicht im Pulk gehen darf.
Kören	=	Auswahl und Anerkennung zuchttauglicher Hengste.
Kötenbehang	=	zottiges Langhaar an der Fesselpartie.
Kuhhessig	=	unschöne Stellung der Hinterbeine, ähnlich Kuhbeinen.
Kumt	=	(auch 'Kummet') birnenförmiger, gepolsterter und auf der ganzen Schulter aufliegender Teil des Zuggeschirrs.
Mehlmaul	=	helle Partie um Maul, Nüstern und Lippen beim Wildpferd und ihm nahestehenden Ponyrassen.
Nachgurten	=	Der Sattelgurt wird nicht sofort beim Satteln fest angezogen, man 'gurtet nach'. Viele Pferde blähen sich beim Satteln auf, gurtet man nicht nach, kommt der Sattel ins Rutschen.
Offenstall	=	Stall – meist aus Holz –, der nach der dem Wind abgekehrten Seite offen ist und von den Pferden nach Belieben aufgesucht und verlassen werden kann.
OX	=	Zusatz beim Pferdenamen, Zeichen für 'Arabisches Vollblut'.
Paßgang	=	Das Pferd tritt mit beiden Beinen einer Seite zugleich vor, also jeweils mit linkem bzw. rechtem Vorder- und Hinterbein gleichzeitig.
Pedigree	=	Ahnentafel der Abstammung eines reinblütigen Pferdes, Auszug aus dem entsprechenden Stutbuch.
Pony	=	kleines Pferd bis zu einem Stockmaß von 147,3 cm Widerristhöhe.

= Gymnastik am galoppierenden Pferd, für Jugendliche die ideale Vorbereitung zum Reitenlernen, erfordert aber viel Mut.
= kastrierter Hengst.
= umfaßt alle edlen Pferderassen, mit Ausnahme von Kaltblut und Ponys.
= bildet den höchsten Punkt des Rückens.
= lebensgefährliche Erkrankung, in 99 von 100 Fällen hoffnungslos. Rechtzeitige Schutzimpfung ist möglich.
= Zusatz beim Pferdenamen, Zeichen für Anglo-Araber.
= Zusatz beim Pferdenamen, Zeichen für 'Englisches Vollblut'.

ZU DIESEM BUCH

bilderten Buch wird eine Auswahl europäischer gestellt. In dem bunten Reigen der Rassen sind lüter vertreten und natürlich sehr viele Ponys, die r beliebt sind.

eit fand ich im In-und Ausland viel Unterstützung ich dafür beim *Verband der Züchter und Freunde des es Trakehner Abstammung e.V.*, dem *Verband der lenburger Pferdes*, der *Deutschen Reiterlichen Verei- upt-und Landgestüt Marbach a.d. Lauter*, dem *Eidge- üt Avenches/Schweiz*, der Vertretung der *Polska Ani- burg, Herrn Landstallmeister Kjellander, Flyinge-*

kannt, sind zu den Fotos die Namen der abgebildeten s Gestüts angegeben. Bei den Hengsten handelt es sich um angekörte Zuchthengste, die als ein typisches rer Rasse angesehen werden können.

h, fotografieren zu dürfen, stieß überall auf großes

Przewalskipferd	=	einziges noch lebendes echtes Wildpferd, in der Freiheit vermutlich ausgerottet.
Rahmen	=	Proportionsverhältnisse des Pferdekörpers.
Ramsnase, Ramskopf	=	Konvexe Vorwölbung des Nasenbeins, typisch für manche Rassen.
Reitkappe	=	Kopfbedeckung aus festem, verstärktem Kunststoff, die aus Sicherheitsgründen unbedingt getragen werden sollte, da sie bei einem Sturz oder Fall vom Pferd vor schweren Kopfverletzungen schützt.
Remonte	=	junges Pferd, das noch eingeritten und ausgebildet wird. Militärbegriff.
Robusthaltung	=	Haltung von Pferden in offenen Stallungen, mit Weidegang verbunden. Überwiegend Ponys werden so gehalten, aber möglich ist diese Form der Haltung bei allen Pferden, sie müssen nur daran gewöhnt werden.
Sattel	=	Je nach der Sportart, die man betreibt, braucht man einen *Dressur-*, *Spring-*, *Vielseitigkeits-* oder *Rennsattel.* Für den Freizeitreiter empfiehlt sich der Vielseitigkeitssattel.
Satteldruck	=	Schlecht gepolsterte, schlecht sitzende Sättel oder Satteldecken, die nicht sorgfältig aufgelegt werden, verursachen den Satteldruck, der ein Pferd für lange Zeit außer Gefecht setzen kann.
Saumpferd	=	Gebirgspferd, Tragtier.
Stockmaß	=	An einer Meßlatte ist rechtwinklig ein verschiebbarer Stab angebracht, er wird bis auf den Widerrist des Pferdes gesenkt.

Staatsgestüt

Stern
Stutbuch

Stute
Tarpan

Trab
Tigerschimmel

Ungarische Anspannung =
Untugenden =

Verjährungsfrist =

Vernageln = k
sc
kr
Vollblut = vo
for
ter
de, e

Voltigieren

Wallach
Warmblut

Widerrist
Wundstarrkrampf

X

XX

In diesem reichh
Pferderassen vo
auch einige Kal
ja heutzutage se
Bei meiner Arb
und bedanke m
Warmblutpferd
Züchter des Ol
nigung, dem *H*
nössischen Ges
mex in Ham
Schweden.
Soweit mir be
Pferde und de
ausschließlic
Spiegelbild i
Mein Wuns

Entgegenkommen. Im *Haupt-und Landgestüt Marbach a.d. Lauter, Trakehnergestüt Hohenschmark, Holstein, Gotlandpony- und Arabergestüt ter Hazeborg, Wankendorf, Ponygestüt Bumann, Gettorf* und der *Hengststation Langenthal, Holstein* brachte man mir geduldig jedes gewünschte Pferd vor die Kamera. Die Arbeit war für mich eine Freude, und so kann ich nur hoffen, daß der Leser und Betrachter dieses Buches ebenfalls Freude an den schönen Pferden haben wird, die ihm im Bild vorgeführt werden. Leni Fiedelmeier

LITERATUR

CHEVENIX-TRENCH, CH., Geschichte der Reitkunst. München 1970
DENT, A., Das Pferd. Berlin 1975
FIEDELMEIER, L., Pferde - Freizeit - Sport. Köln 1975
FIEDELMEIER, L., Ponys und Zwergesel. Minden 1976
GLYN, R., und U. BRUNS, Das große Buch der Pferderassen, Rüschlikon-Zürich 1972
GORBRACHT, W., Kennst Du Pferde? Frankfurt (Main) 1975
ISENBART, H. H., und E. M. BÜHRER, Das Königreich des Pferdes. Luzern 1973
JANKOVICH, M., Pferde, Reiter, Völkerstürme. München 1968
LAMPARTER, CHR., Fahren lernen mit Pferd und Kutsche. Frankfurt (Main) 1974
Lexikon für Pferdefreunde. Luzern 1976
PERSSON, C., Keysers großes Buch der Pferde. München 1973
SCHÄFER, M., Die Praxis des Freizeitreiters. München 1975
SCHIELE, E., Arabiens Pferde. München 1972
SLOB, W., Die große Pferde-Enzyklopädie. Heidenheim 1975
TRAUT, F., Gestüte Europas. München 1971
UPPENBORN, W., Ponys – Umgang und Haltung. Stuttgart 1973
UPPENBORN, W., Pferdezucht und Pferdehaltung. Oldenburg 1974

ZEITSCHRIFTEN

Reiter Revue International, Sankt Georg, Freizeit im Sattel, Pony-Magazin.

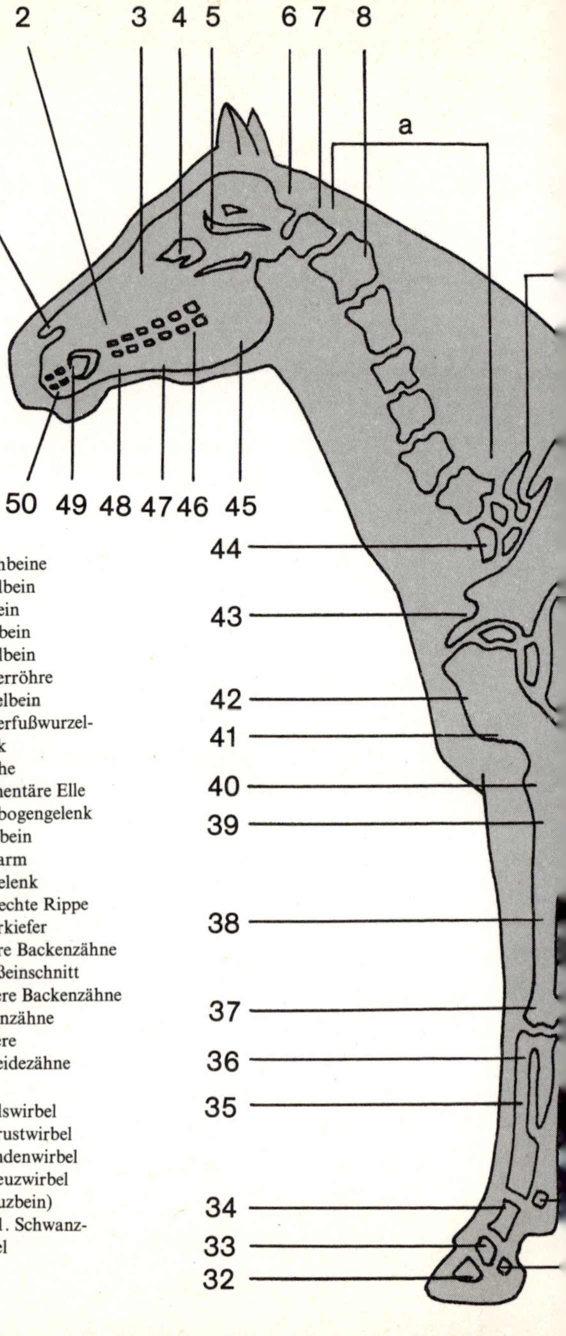

Das Knochengerüst des Pferdes

1 Nasenbein
2 Oberkiefer
3 Angesichtsleiste
4 Augenhöhle
5 Kiefergelenk
6 Hinterhaupt
7 erster Halswirbel
8 zweiter Halswirbel
9 Schulterblattgräte
10 Schulterblatt
11 letzte (zehnte) unechte Rippe
12 Hüfthöcker
13 Kreuzhöcker
14 Darmbein
15 Hüftgelenk
16 Oberschenkel
17 Sitzbeinhöcker
18 Hinterröhre
19 Sprunggelenk
20 Sprungbeinhöcker
21 Schienbein
22 Schienbeinleiste
23 rudimentäres Wadenbein
24 Kniekehlgelenk
25 Kniescheibengelenk
26 Kniescheibe
27 Rippenbogen
28 erste unechte Rippe
29 letzte (achte) echte Rippe
30 Gleichbeine
31 Strahlbein
32 Hufbein
33 Kronbein
34 Fesselbein
35 Vorderröhre
36 Griffelbein
37 Vorderfußwurzelgelenk
38 Speiche
39 rudimentäre Elle
40 Ellenbogengelenk
41 Brustbein
42 Oberarm
43 Buggelenk
44 erste echte Rippe
45 Unterkiefer
46 hintere Backenzähne
47 Gefäßeinschnitt
48 vordere Backenzähne
49 Hakenzähne
50 vordere Schneidezähne

a 7 Halswirbel
b 18 Brustwirbel
c 6 Lendenwirbel
d 5 Kreuzwirbel (Kreuzbein)
e 18.-21. Schwanzwirbel

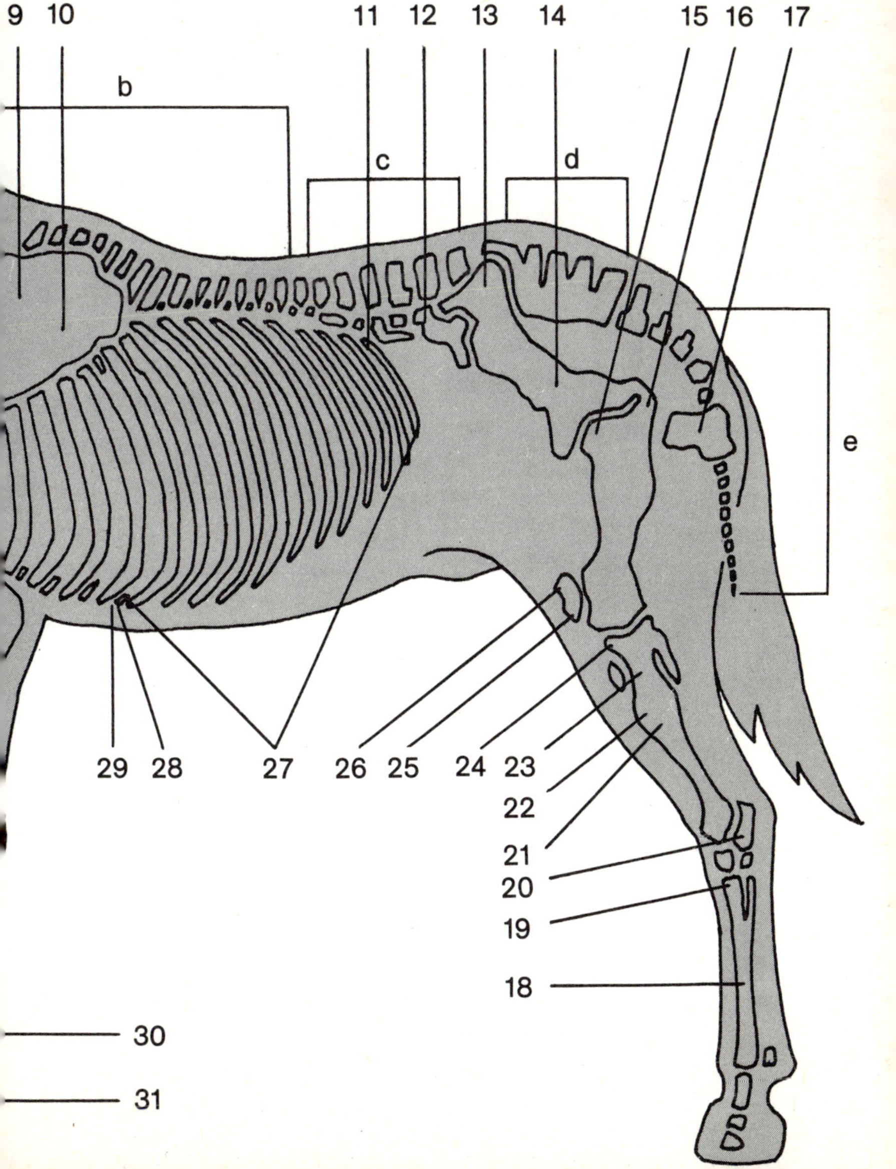
9
10
11
12
13
14
15
16
17
b
c
d
e
18
19
20
21
22
23
24
25
26
27
28
29
30
31

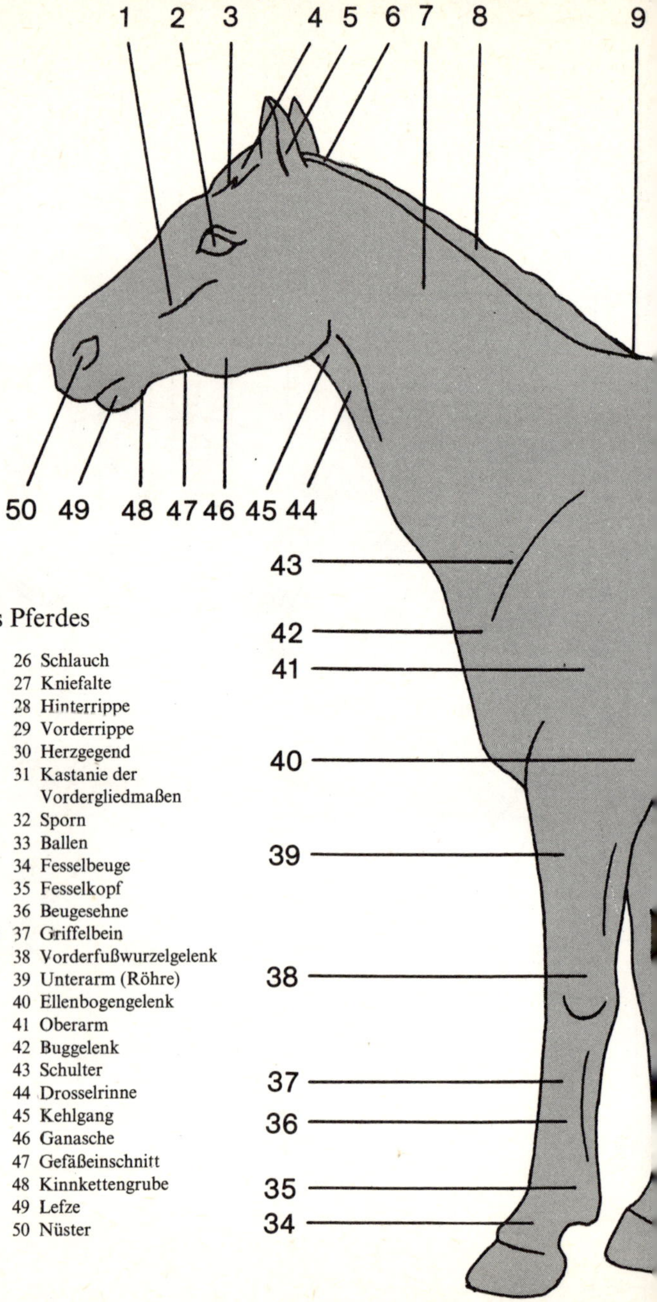

Das Exterieur des Pferdes

1 Angesichtsleiste
2 Auge
3 Stirn
4 Schopf
5 Ohr
6 Genick
7 Hals
8 Mähnenkamm
9 Axthieb
10 Widerrist
11 Sattellage
12 Rücken
13 Nierenpartie (Lende)
14 Hüfthöcker
15 Oberschenkel
16 Kruppe
17 Schweifansatz
18 Schweif
19 Unterschenkel (Hose)
20 Sprungbeinhöcker
21 Huf
22 Kronenrand
23 Kastanie der Hintergliedmaßen
24 Sprunggelenk
25 Kniegelenk
26 Schlauch
27 Kniefalte
28 Hinterrippe
29 Vorderrippe
30 Herzgegend
31 Kastanie der Vordergliedmaßen
32 Sporn
33 Ballen
34 Fesselbeuge
35 Fesselkopf
36 Beugesehne
37 Griffelbein
38 Vorderfußwurzelgelenk
39 Unterarm (Röhre)
40 Ellenbogengelenk
41 Oberarm
42 Buggelenk
43 Schulter
44 Drosselrinne
45 Kehlgang
46 Ganasche
47 Gefäßeinschnitt
48 Kinnkettengrube
49 Lefze
50 Nüster

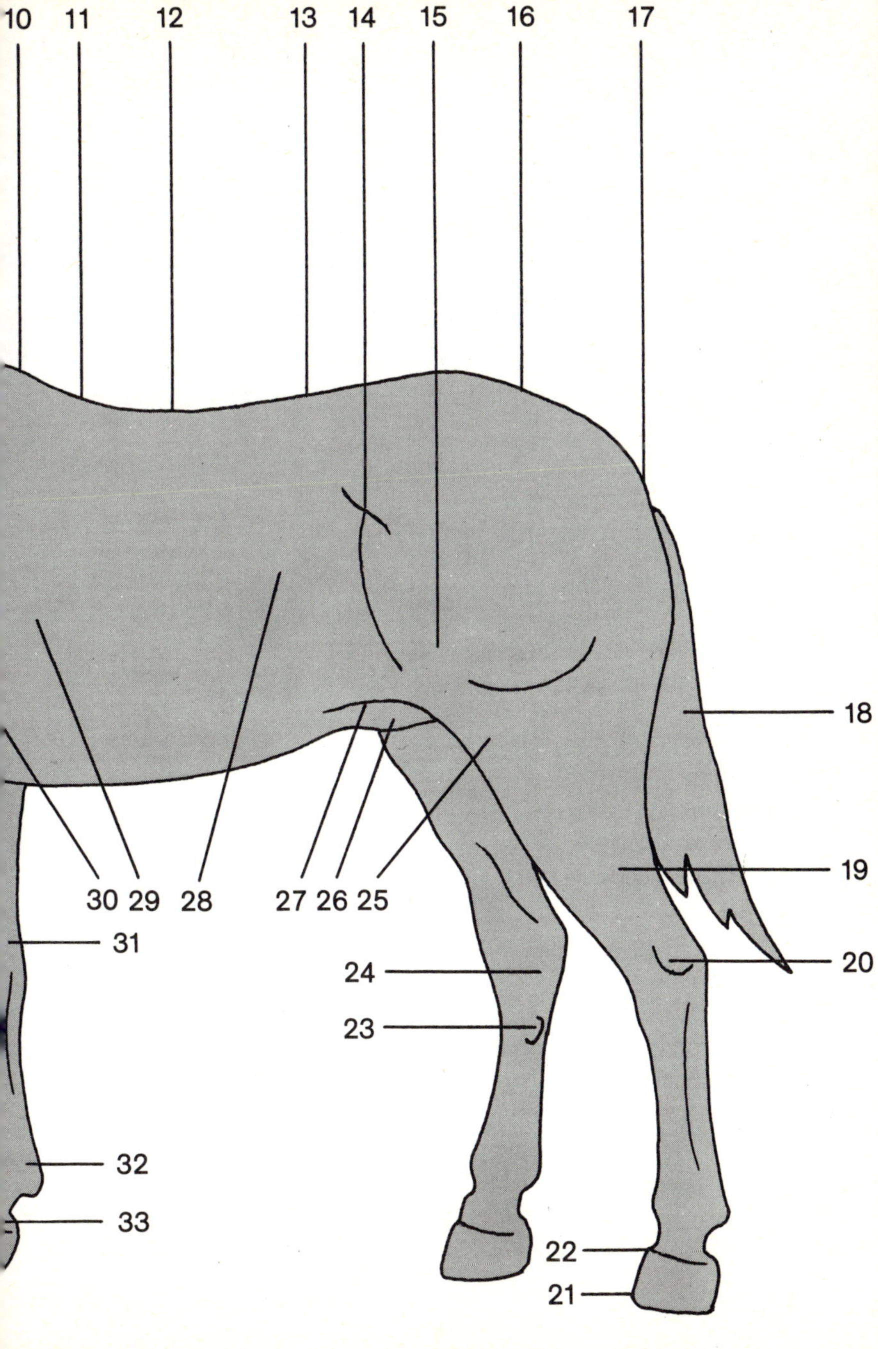
10
11
12
13
14
15
16
17
18
19
20
21
22
23
24
25
26
27
28
29
30
31
32
33

HINWEISE ZU DEN ABBILDUNGEN

1. Przewalskipferde im Münchner Tierpark Hellabrunn.
2. Vollblut-Araberhengst 'Saher'. Württ. Haupt- und Landesgestüt Marbach (Lauter).
3. Vollblut-Araberhengst 'Makencar'. Vollblutarabergestüt 'El Shams', Delingsdorf (Holstein).
4. Vollbluthengst 'Schiwago'. Gestüt Birkenmoor.
5. Anglo-Araberhengst 'Nathan'. Gotland- und Arabergestüt ter Hazeborg, Wankendorf (Holstein).
6. Vollblut- und Anglo-Araberstuten im Hauptgestüt Janów Podlaski (Polen) auf dem Weg zur Koppel.
7. Traberhengst 'Mauritz' von Iskander F.
8. Traberstute mit Fohlen.
9. Trakehnerhengst 'Sigbert' und Trakehnerstute 'Florina'. Trakehnergestüt Hohenschmark (Holstein).
10. Kindliche Spiele.
11. Vollblutstuten mit Fohlen.
12. Trakehnerhengst 'Sigbert'. Trakehnergestüt Hohenschmark (Holstein).
13. Hannoveraner.
14. Westfälischer Wallach 'Sioux'.
15. Holsteiner Hengst 'Leander'. Deckstation Langenhagen (Holstein).
16. Oldenburger Hengst 'Volturno'.
17. Ostfriese, heutiger Reitpferd-Typ.
18. Württemberger Hengst 'Sommer'. So sah der Württemberger Warmblüter früher aus. Württ. Haupt- und Landesge-Marbach (Lauter).
19. Württemberger Hengst 'Jugol'. Er verkörpert den modernen Typ des Württemberger Warmbluts. Haupt- und Landesgestüt Marbach (Lauter).
20. Cleveland Bay oder Cleveland Brown. Die engere Heimat dieses Warmblutpferdes ist die Grafschaft Yorkshire.

21. Hunter. Sie vermögen über jede Art von Hindernissen zu springen und zeichnen sich durch größte Ausdauer, ein mutiges Herz und ein gelassenes Temperament aus.
22. Kleine Idylle am Rande des Turnierplatzes in Malente (Holstein).
23. Hackney-Gespann in voller Aktion.
24. Viererzug Irish Draught Horses.
25. Anglo-Normänner Hengst 'Bandolero'. Deckstation Langenhagen (Holstein). Gezogen in St-Croix-Hague (Frankreich).
26. Lipizzanerhengst.
27. Nonius-Stute 'Juliska'.
28. Rapphengst 'Mazagran', ein Wielkopolski aus dem Hauptgestüt Liski (Polen).
29. 'Crin Blanc'. Pferdeherde in der Camargue (Frankreich).
30. Andalusischer Hengst.
31. Andalusische Stute 'Nina', sie zeigt den für diese Rasse typischen hohen Kniebug im Trab.
32. Kladruber Hengst (Tschechoslowakei).
33. Freiberger Hengst. Gestüt Avenches (Schweiz). Das Jurapferd, wie diese schweizerische Rasse auch genannt wird, eignet sich sowohl für die Landwirtschaft als auch als Saumtier für die Armee.
34. Vor dem Aufbruch zur Jagd mit der Beagle-Meute Lübeck.
35. Feiner Doppelsprung auf ungesattelten Shetlandponys.
36. Ein zukünftiger Meister?
37. Auf ländlichen Turnieren schult sich der Nachwuchs.
38. Sprung vom Wall beim Springderby in Hamburg-Kleinflottbek
39. Gelderländer Fuchs, fertig zum Wanderritt.
40. Schwedischer Warmbluthengst 'Gaspari', Flyinge (Schweden). Der Hengst hat an zwei Olympiaden teilgenommen und ist Vater vieler hervorragender Pferde, u.a. von 'Piaff'.
41. Nordschwedisches Pferd, eine solide alte Landrasse Schwedens, die im Kaliber zwischen leichtem Kaltblut und schwerem Warmblut steht.
42. Dølepferd auf einer Koppel bei Oslo (Norwegen).

43. Lipizzaner Mutterstuten mit Fohlen in Piber (Österreich).
44. Galopprennen.
45. Knapstruper Hengst ‘Smochy’ (Dänemark).
46. Frederiksborger, die einzige bodenständige dänische Warmblutrasse.
47. Hier sieht man den Unterschied zwischen GÄHNEN ...
48. ... und FLEHMEN. Das letztere dient der intensiven Aufnahme von Geruchsreizen.
49. Viererzug beim Fahrderby in Hamburg-Kleinflottbek.
50. Römisches Wagenrennen, Schaunummer bei der großen Jubiläums-Hengstparade im Haupt- und Landesgestüt Marbach (Lauter).
51. Zweimal Zweispänner: in konventioneller Anspannung nebeneinander ...
52. ... und als ‘Tandem’. Die Pferde werden voreinander gespannt.
53. Westfälisches Warmblut. Aus der westfälischen Zucht sind in den letzten Jahren hervorragende Springpferde hervorgegangen.
54. Fünferzug Araber-Vollblutstuten in ungarischer Anspannung bei der Hengstparade im Haupt- und Landesgestüt Marbach (Lauter).
55. Schwarzwälder Hengst ‘Madaus’. Haupt- und Landesgestüt Marbach (Lauter).
56. Süddeutsches Kaltblut, je nach Zuchtgebiet auch ‘Oberländer’, ‘Noriker’, ‘Pinzgauer’ genannt.
57. Rheinische Kaltbluthengste bei einer Hengstparade im Landgestüt Warendorf (Westfalen).
58. Aktionstraber, Schaunummer bei der Jubiläums-Hengstparade im Haupt- und Landesgestüt Marbach (Lauter).
59. Hengstparade, Haflinger und Schwarzwälder im Haupt- und Landesgestüt Marbach (Lauter).
60. Viererzug Schwarzwälder Füchse in original historischen Geschirren bei der Jubiläums-Hengstparade in Marbach (Lauter).
61. Schleswiger Kaltblutstute mit soeben geborenem Fohlen.

62. Boulonnais, eine ‘elegante’ Kaltblutrasse Frankreichs.
63. Percheron, ein Kaltblüter aus dem französischen Gestüt Haras du Pin im Departement Orne.
64. Friese. Er wird in den Niederlanden gezüchtet, vor allem in Westfriesland.
65. Auf einer Straße bei Killorglin (Irland).
66, 67. Bilder, die selten geworden sind: Pferde bei der Arbeit auf dem Felde.
68. Zuchtstuten des Gestüts Liski (Polen) bei der Arbeit vor der Drillmaschine.
69. Wielkopolski-Zuchtstuten aus dem Hauptgestüt Rzeczna (Polen).
70. Oberländer vor dem Schlitten bei Garmisch-Partenkirchen.
71. Rückgezüchteter Tarpan.
72. Isabellfarbene Shetlandstute mit Fohlen.
73. Früh übt sich . . .
74. Voltigieren ist für Jugendliche die beste Vorbereitung zum Reitenlernen.
75. Welsh Ponys bei der Fellpflege.
76. Welsh Ponystute mit Fohlen, das von einem Cob-Hengst stammt.
77. Exmoor Ponys in freier Wildbahn.
78. Connemaras. Falben (rechts) sind bei dieser Rasse selten geworden.
79. Dartmoor Pony, ein ideales Reittier.
80. Highland Ponys. Die Schotten nennen diese Rasse auch Garron, eine Bezeichnung vermutlich keltischen Ursprungs.
81. Bosniakenstute ‘Rosinante’ mit Fohlen. Diese Rasse ist zum Tragen, Fahren und Reiten gleich gut geeignet.
82. Dales Pony, ein sehr angenehmes Freizeitpferd.
83. Island Ponys, eine reinblütige Rasse.
84. New Forest-Hengst ‘Loran’.
85. Welsh Cob-Hengst im Ponygestüt Bumann, Gettorf (Holstein).
86. Huzulstute mit Fohlen. Wegen ihres guten Wesens eignet sich diese Rasse auch für den Freizeitsport.

87. Konik. Seine Heimat ist Polen.
88. Haflinger Hengst 'Maitrank'. Haupt- und Landesgestüt Marbach (Lauter).
89. Arabo-Haflinger Hengst 'Monarch'. Haupt- und Landesgestüt Marbach (Lauter).
90. Haflinger Mutterstuten auf einer Weide im Leutaschtal (Tirol).
91. New Forest-Stute mit Fohlen.
92. Dülmener Ponys, im Merfelder Bruch zu Hause.
93. Norske Fjord Pony, Hengst 'Stormarn'.
94. Norske Fjord Ponys auf einer Weide in Dänemark.
95. Spielende Shetlandponys, auch 'Shetty' genannt, in ihrer Heimat.
96. 'Maxi' und 'Mini' – Begegnung im Frankfurter Zoo.
97. Gotland Ponys im zotteligen Winterpelz. Gotland-Ponygestüt ter Hazeborg, Wankendorf (Holstein)
98. Gotland Ponys im glatten Sommerfell.
99. Reitpony, Stute 'Suleika' mit Fohlen.
100. Zwerg-Hackneystute. Sie zeigt beim freien Lauf auf der Koppel den typischen 'steppenden' Gang ihrer Rasse. Ponygestüt Bumann, Gettorf (Holstein).
101. Zum Ausklang: Vollblut-Araberhengst auf der Koppel.

FOTONACHWEIS

Die Zahlen verweisen auf die Abbildungsnummern.

Rex Coleman – Bruce Coleman Ltd., London: 23. Brigitte Dulkys, Celle: 81. Werner Ernst, Ganderkesee: 4, 14, 16, 56, 92. Harry Farkas, Köln: 44, 53, 57, 95. Jean-Paul Ferrero – Ardea, London: 29. Leni Fiedelmeier, Krummsee: 1-3, 5, 7-9, 12, 15, 18, 19, 22, 25, 31, 34-39, 42, 43, 45, 47, 49-52, 54, 55, 58-61, 72-76, 78, 84, 85, 88-90, 93, 94, 97, 99, 100. O. Kjellander, Flyinge (Schweden): 40. Heinz Lyra, Hamburg: 6, 28, 68, 69. P. Morris – Ardea, London: 71. Okapia, Frankfurt (Main): 96, 101. Hans Reinhard – Bruce Coleman Ltd., London: 11, 83. Jens Spiehs, München: 70. Joachim Spiehs, Vaterstetten: 27, 48. Dr. Henning Staun, Kopenhagen (Dänemark): 46. Tony Stone Associates, London: 10, 24, 65, 67, 77, 80, 91. Sally Anne Thompson, London: 13, 17, 20, 21, 26, 30, 32, 33, 41, 62-64, 79, 82, 86, 87, 98. Thomas Wilkie – Bruce Coleman Ltd., London: 66.

REGISTER

Die halbfetten Zahlen sind Abbildungsnummern.

CIP-Kurztitelaufnahme der Deutschen Bibliothek

Fiedelmeier, Leni
Rassepferde. - 1. Aufl. - Stuttgart: Belser, 1976.
(Belser-Bücherei: Natur in Farbe)
ISBN 3-7630-1832-8